# 非凡的優雅人生

## 從細微之處展現卓越

質感人生手帳！
即使跌倒，也要落落大方
成功也可以很優雅

金暢 編著

都說「細節決定成敗」，怎麼用行動力改變命運？
掌握時間管理，勇敢面對逆境，用行動走向成功！

良好人際關係 × 提升個人魅力 × 學會減壓自律

讓「積極心態」成為能量泉源，每一步都堅實地實現夢想！

# 目錄 Contents

# 質感人生手帳

即使跌倒，也要落落大方，成功也可以很優雅

# 前言

成功是一種哲學，更是一種藝術；是一種精神，更是一種領悟；是一種智慧，更是一種境界。而失敗則是成功的另一面，沒有失敗，哪裡有成功？

本書用簡單通俗的故事，向人們呈現成功所需要的特質：智慧、靈感、愛心、毅力以及樂觀等。本書寓理論於實際，向讀者展現出心靈的強大力量，讓人們反思自己，重新確定自己的定位和方向，做自己命運的主人。

領悟了書中的人生哲理和成功理念，已經成功的人能夠再接再厲，勇攀高峰；暫時處在困境中的人能從中得到激勵，重獲信心和勇氣，迎頭面對命運的挑戰，最終收穫一個繽紛絢麗的人生，走向成功，擁有財富和幸福。讀透了本書，你就能找到成功的祕密：處世的哲學、應對商場的法則與技巧、成功者必備的學習精神和特質……當你透徹領悟本書告訴你的各種處世方法和理論後，你就會對生活有一個全新的發現和認識——成功對你來說，不再是一個遙不可及的夢。

編者相信，書中人物的經歷能讓你明白成功的密碼，以及由此所帶來幸福生活的意義。從他們的經歷中，你將學會如何面對挫折、如何確立目標並把握機會；同時，這些人物的經歷像一面鏡子，讓你更了解自己，更積極地去思考和解決問題，擁有良好的心態和堅韌不拔的意志；你也將學會選擇、學會運用知識和智慧來創造財富；還會培養良好的習慣，懂得愛和寬容，為飛黃騰達打好基礎。

本書可以激勵你向自己挑戰的決心，並幫助你克服各種陋習，最終化蛹為蝶，實現突破。

有夢想，就要去追尋；有想法，就要付諸行動。做最好的自己，盡情綻放生命，迎接各種挑戰和曲折吧。正是因為有著無數的機會和可能性，生命才更加可貴，生活才更加值得珍惜。我們每個人都要自信、自立、自強，掌握自己的命運，創造出屬於自己的一份美好生活。

就算前進的路充滿坎坷和荊棘，充滿辛酸和苦澀，但總會有改變的契機，總會有勝利的希望和曙光，只要有希望，一切就都有可能。

不要害怕失敗，不要抱怨世界的不完美，不要被困難嚇倒，用心去澆灌希望的種子，總有一天它會發芽。

將本書當作自己人生的航海圖，你便擁有了對抗激流的勇氣，抵達夢中的彼岸，並走向更大的幸福和成功。我們相信，本書能讓有成功欲望的人怦然心動，是一本值得珍藏一生的智慧寶典。

編者

# 前言

# 第一章　細節決定人生成敗

## ★成敗始於細節

老子曾說：「天下難事，必做於易；天下大事，必做於細。」他精闢地指出了想成就一番事業，必須從簡單的事情做起，從細微之處入手。在今天激烈的社會競爭中，決定成敗的一大重要因素就是微若沙礫的細節。無論什麼事，從最根本的角度來說，都是由一些細節構成。

注意細節其實是一種功夫，這種功夫是靠日積月累培養出來。因此，我們平時就要多注意鍛鍊自己觀察細節的能力。

有這樣一則故事。

某著名大公司應徵職業經理人，應者雲集，其中不乏高學歷、多證書、有相關工作經驗的人。經過初試、筆試等四輪淘汰後，只剩下六位應徵者，但公司最終只選擇其中一人作為經理。所以，第五輪將由老闆親自面試。看來，接下來的角逐將會更加激烈。

可是當面試開始時，主考官卻發現考場上多出了一個人，出現七個考生，於是就問道：「有不是來參加面試的人嗎？」這時，坐在最後面的一位男子站起身說：「先生，我第一輪就被淘汰了，但我想參加一下面試。」

人們聽到他這麼講，都笑了，連站在門口為人們倒水的那位老人也忍俊不禁。主考官也不以為然的問：「你連考試第一關都過不了，又有什麼必要非來參加這次面試呢？」這位男子說：「因為我掌握了別人沒有的財富，我自己就是　筆大財富。」

大家又一次哈哈大笑，認為這個人不是頭腦有毛病，就是狂妄自大。

這個男子不卑不亢地繼續往下說：「我雖然只是大學畢業，只有中層幹部經歷，可是我卻有著十年的工作經驗，曾在十二家公司任職。」這時主考官馬上插話：「雖然你的學歷和經歷都不高，但工作十年倒是很不錯，不過你卻先後跳槽十二家公司，這可不是一種令人欣賞的行為。」

男子說：「先生，我沒有跳槽，而是那十二家公司先後倒閉了。」在場的人第三次笑了。一位考生說：「你真是一位道地的失敗者！」男子也笑了：「不，這不是我的失敗，而是那些公司的失敗。但是，這些失敗卻累積成了我自己的財富。」

這時，站在門口的老人走上前，為主考官倒茶。男子繼續說：「我很了解那十二家公司，我曾與同事努力挽救它們，雖然不成功，但我知道錯誤與失敗的每一個細節，並從中學到了許多東西，這是其他人所學不到的。很多人只是追求成功，而我，更有經驗避免錯誤與失敗！」

男子停頓了一會兒，接著說：「我深知，成功的經驗大抵相似，容易模仿；而失敗的原因各有不同。用十年時間學習成功經驗，不如用同樣的時間經歷錯誤與失敗，所學的東西更多、更深刻；別人的成功經歷很難成為我們的財富，但別人的失敗教訓卻可以！」

男子離開座位，做出轉身出門的樣子，又忽然回過頭：「這十年的經歷，培養、鍛鍊了我對人、對事、對未來的敏銳洞察力，舉個小例子吧——真正的考官，不是您，而是這位倒茶的老人」

在場所有的人都感到驚愕，目光轉而注視著倒茶的老人。那老人詫異之際，很快恢復了鎮定，隨後笑了：「很好！你被錄取了，因為我想知道——你是如何知道這一切的？」

老先生的言語表明他確實是這家大公司的老闆，這次輪到這位考生笑了。

誠然，一個人的能力，不能用程式設計表現，因而是學不到的。世事洞明皆學問，人情練達即文章。

這位考生能夠從倒茶水的老人的眼神、氣度、舉止等，看出他是這個企業的老闆，說明他是一個觀察力很強的人。這種觀察入微的功夫，不是一朝一夕所能夠練就，而需要長期的觀察累積。成功者的共同特點，就是能做小事情，能夠抓住生活中的一些細節，因為世間不論什麼事，實際上都是由一些細節所組成。

所以，無論做人、做事，都要注重細節，從小事做起。成也細節，敗也細節，讓我們認真做好每一個細節，讓它形成一種好的習慣，並時刻有「贏在細節的意識」。

## ★做好每一件小事使你出類拔萃

不積小流，無以成江海；不積跬步，無以至千里。這句話告訴我們，成功源於小事的累積，需要我們高度重視。

一粒沙中包含一個世界，世界很大，其實也很小。說它大，就是因為它是由小累積而成。一件事情的成功是由許多細節因素構成的，我們把所有這些細節因素都做好，成功就會是一種必然。無論做人、做事，都要從小事做起。願意做好每一件小事的人，成功的可能性更大。

從小事中，我們可以看出一個人的特質，更可以看到此人是否言行一致，是否好高鶩遠或勇於任事。做好小事是獲得成功的基礎。人不可能一步登天，再高的大廈，也是由一塊塊小磚頭壘砌而成的，再大的偉業也是從一點一滴的小事做起的。

只有把每一件小事做好了，才有可能做大事。也只有做好每一件小事，最終才能成就大業。

有這樣一則故事。

湯姆原先只是美國一家汽車公司下屬的一個製造廠的雜工，就是因為在做好每一件小事中獲得了極大的個人成長，他最後成為了這家汽車公司最年輕的總領班。在這家大型汽車公司裡，三十二歲就升上總領班的職位，的確不是一件簡單的事。他是怎麼做到的？

湯姆是在二十歲時進入工廠。一開始工作，他就全面了解一部汽車由零件到裝配出廠，大約要經過十三個部門的合作，而每一個部門的工作性質都不相同。

成功者與一般人最大的區別，就是他們願意去做一般人不願做、不想做的小事。湯姆就是這樣的人。他當時就想：既然自己要在汽車製造這一行發展事業，必須要對汽車的全部製造過程深刻了解。於是，他主動要求從最基層的雜工做起。雜工不屬於正式工人，也沒有固定的工作場所，哪裡有零星工作就要到哪裡去。透過這份工作，湯姆和工廠各部門都有深入接觸，對各部門的工作性質也有初步了解。

在當了一年半的雜工之後，湯姆申請調到汽車椅墊部工作。不久，他就學會了製椅墊的手藝。後來他又申請調到點焊部、車身部、噴漆部工作。不到五年的時間，他幾乎把這個製造廠各部門的工作都做了一遍，最後決定申請到裝配線上工作。

湯姆的爸爸對兒子的舉動十分不解，他質問湯姆：「你工作已經五年了，總是做一些焊接、刷漆、製造零件的小事，恐怕會耽誤前途吧？」

「爸爸，您不明白。」湯姆笑著說，「我並不急於當某一部門的長工頭，而是以整個工廠為工作目標，所以必須花時間了解整個工作流程。我是最有價值的利用現有的時間，我要學的不僅僅是一個汽車椅墊如何做，而是整輛汽車是如何被製造。」

當湯姆確認自己已經具備管理者的素養時，他決定在裝配線上大展身手。湯姆在其他部門待過，懂得各種零件的製造情形，也能分辨零件的優劣，這為他的裝配工作增加了不少便利。沒過多久，他就成了裝配線上的靈魂人物，很快就升為領班，並逐步成為十五位領班的總領班。一年後，他又升到了經理。

我們都應該從小事開始，磨練意志，成長智慧，為做大事打下基礎。

連小事都做不好的人，就別指望他能做大事業。我們要把日常生活中每一件簡單的事情都做好，用認真的態度對待每一件小事，生活就會變得更好。

有一位畫家，舉辦過十幾次個人畫展。在畫展現場，無論參觀者來多少，臉上總是掛著微笑。一次我問他：「你為什麼每天都這麼開心呢？」

他講了一個故事：

「小時候，我興趣非常廣泛，也很好勝。畫畫、拉手風琴、游泳、打籃球，必須都拿第一。這當然是不可能，於是我心灰意冷，學業成績一落千丈。父親知道後，找來一個漏斗和一把玉米種子。讓我雙手放在漏斗下面接著，然後撿起一粒種子投到漏斗裡面，種子便順著漏斗滑到了我的手裡。父親投了十幾次，我的手中也就有了十幾粒種子。然後，父親一次抓起滿滿的一把玉米粒放在漏斗裡面，玉米粒相互擠著，竟一粒也沒有掉下來。父親對我說：『這個漏斗代表你，假如你每天都能做好一件事，每天你就會有一粒種子的收穫和快樂。可是，當你想把所有的事情都擠到一起來做，反而連一粒種子也接不到了。』二十多年過去了，我一直銘記著父親的教誨：『每天做好一件事，坦然微笑地面對生活。』」

「每天做好一件小事」，這是一種明智的人生態度，我們沒有必要事事都涉足，只要做好自己能做的小事就行了，就能到達淡然、寧靜的境界。在競爭激烈的社會與日常生活中，我們所做的事情都是由一些小事構成，每天做好一件小事，就會收穫和累積成功的種子。

無論你是誰，唯有把「每一件尋常的事情做好」，才能走向成功。只要我們認真地從自己做起，從每天的小事開始，就可以達到卓越。

當我們認真地去做好每一件簡單的事情時，就會發揮出巨大的潛能，最終成就一番大事業。

## ★隨時隨地擁有創新意識

創新是一個人進步的靈魂。勇於創新的人，能從別人不易發現的小事中得到啟發，捕捉到一種別樣的思維靈感，他們很擅長注意別人沒有觀察到的問題。

你有多大的創新精神，就可能有多大的成就，創新精神與成就大小成正比。一個人要想成就一番大事業，沒有創新精神，不可能做到。

「創新是一個民族進步的靈魂，是國家興旺發達的不竭動力，一個沒有創新能力的民族，難以屹立於世界先進民族之林。」作為一個人也是一樣，沒有創新精神，故步自封，因循守舊，不會有什麼出息。

在生活中，我們要培養敏銳的觀察力。很多人的成功，只是因為他們留意了一般人所忽略的細節，突發靈感，做出了一項頗有才氣的創舉。

每個人都有這樣的機會，問題是我們怎麼把握和運用。這中間的差距，不過就是那麼一點點而已。不過，就是這一點點的差距，恰恰是見真功夫的地方。能留心到別人忽略的地方，需要長時間的累積，養成認真負責、一絲不苟、注重細節的習慣，同時，還要有熱情和毅力。正是因為這些已經浸透骨髓的認真負責和鑽研精神，才能使他們隨時隨地都能從「不起眼」的小事中獲得靈感。

有這樣一則故事。

法國美容產品設計師伊夫·聖羅蘭，靠經營花卉起家，他在一次新聞發布會上感觸頗深地說道：「能有今天，我當然不會忘記卡內基先生，他的課程教了我一個司空見慣的祕訣，而這個祕訣，我過去卻從未給予足夠的重視。而現在我卻要說，創新的確是一種美麗的奇蹟。」

伊夫·聖羅蘭一九六〇年開始生產美容產品，到一九八五年他已擁有九百六十家分店，這些分店星羅棋布在全世界。伊夫·聖羅蘭生意興旺，財源廣進，摘取了美容產品和護膚品銷售額的桂冠，他是唯一使法國最大的化妝品公司巴黎萊雅惶惶不可終日的競爭對手。這一切成就，伊夫·聖羅蘭悄無聲息地取得，在發展階段幾乎未曾引起競爭者的警覺，他的成功有賴於他的創新精神。

一九五八年，伊夫·聖羅蘭從一位年邁女醫師那裡，得到了一種專治痔瘡的特效藥膏祕方。這個祕方令他產生了濃厚的興趣，於是，他根據這個藥方研製出一種植物香脂，並開始挨家挨戶地推銷這種產品。

有一天，伊夫·聖羅蘭靈機一動，何不在巴黎的雜誌上，刊登一則商品廣告呢？如果在廣告上附上郵購優惠單，說不定會有效地促銷產品。這一大膽嘗試，讓他獲得了意想不到的成功。當他的朋友還在為他的巨額廣告投資能否收回而擔心時，他的產品已經在巴黎暢銷。原以為會如泥牛入海的廣告費用，與其獲得的利潤相比顯得不值一提。

當時，人們認為用植物和花卉製造的美容產品毫無前途，幾乎沒有人願意在這方面投入資金，而伊夫·聖羅蘭卻反其道而行之，還對此產生了一種奇特的迷戀。一九六〇年，伊夫·聖羅蘭開始小批量地生產美容霜，他獨創的郵購銷售方式又讓他獲得了巨大成功。在極短的時間內，伊夫·聖羅蘭透過各種銷售方式，順利地推銷了七十多萬瓶美容產品。如果說用植物製造美容產品是伊夫·聖羅蘭的一種嘗試，那麼，採用郵購的銷售方式則是他的一個創舉。時至今日，郵購商品已不足為奇了，但在當時，這卻是非常具有前瞻性的創舉。

一九六九年，伊夫·聖羅蘭創辦了他的第一家工廠，並在巴黎的奧斯曼大道開設了他的第一家商店，開始大量生產和銷售美容產品。他對職員說：

「我們每一位顧客都是王后，她們應該獲得像王后那樣的服務。」為了達到這個目標，他打破銷售學的一切常規，採用了郵購化妝品的方式。公司收到郵購單後，立即把商品郵寄給買主，同時贈送一件禮品和一封建議信，並附帶製造商和藹可親的笑容。

郵購業務幾乎占了伊夫·聖羅蘭全部營業額的50％。聖羅蘭式的郵購手續簡單，顧客只需提供地址，便可加入「聖羅蘭美容俱樂部」，並會很快收到樣品、價格表和使用說明書。這種經營方式，對那些工作繁忙或離商業區較遠的婦女來說，無疑非常理想。如今，透過郵購方式，從聖羅蘭俱樂部獲取口紅、眉筆、唇膏、沐浴乳和美容護膚霜的婦女已達六億人次。伊夫·聖羅蘭透過郵購與顧客建立固定聯繫，他的公司每年收到八千餘萬封函件。

有些函件簡直同私人信件沒有兩樣，附著照片和親筆簽名，信中敘友情，表信任，寫得親切感人。當然，公司的建議信往往寫得十分中肯，絕無生硬招攬顧客之嫌。這些信件中總是反覆地告訴訂購者：美容霜並非萬能，有節奏地生活，是最佳的化妝品。而不像其他商品廣告那樣，將產品說得天花亂墜，功效無與倫比。

伊夫．聖羅蘭的公司透過電腦，建立了一千萬名顧客的卡片，每逢顧客生日或重要節日時，公司都要寄贈新產品和賀卡。這種優質的服務為公司帶來了豐碩成果。公司每年寄出郵包達九百萬件，相當於每天三萬～五萬件。一九八五年，公司的銷售額和利潤成長了30％，營業額超過了二十五億法郎，國外的銷售額超過了法國境內的銷售額。如今，伊夫．聖羅蘭已經擁有四百餘種美容系列產品，和八百萬名忠實的顧客。伊夫．聖羅蘭經過辛勤的勞動和艱苦的思考後，找到了走向成功的突破口。

化妝品市場競爭的激烈程度令人觸目驚心，如果亦步亦趨、墨守成規，那肯定只能淪為落伍者。伊夫．聖羅蘭設計出與強大的競爭對手完全不同的產品——植物花卉美容產品，使化妝用品大眾化，滿足眾多新、老顧客的需要，所以將競爭對手遠遠地拋在後面。伊夫．聖羅蘭力求同中求異，另闢蹊徑，打破傳統的銷售方式，採取全新的銷售方式——郵購，贏得了為數眾多的固定顧客，從而為不斷擴大生產打下了堅實基礎。

創新是成功必須具備的一種能力，但不是每個人天生就具備這種能力，它需要後天的培養，需要我們從日常的小事中不斷地提高自己的創新能力。很多偉人之所以取得能偉大的業績，往往是從留心別人沒注意的小事開始。創新不需要天才，只在於找出新的改進方法。

擁有創新精神的人，都善於從日常的小事中提煉出新思維，從而獲得重大的成就。

拿破崙．希爾指出，人的可貴之處在於創造性的思維。凡是有所作為的人，都是有所創造的人，一個有所創造、對他人和社會有所貢獻的人，才能發現自身的價值，才能真正體會到幸福。創新激勵奮進，創新孕育著成功的機會，一個不斷創新的人，必然是熱情而且充滿活力的，他們的人生價值也能得到最大程度的發揮。

## ★學會體悟生活的細微真諦

生活紛繁複雜，很多時候，一些簡單的事物往往會披上一層神祕的外衣。所以，我們不能被表象所迷惑，而是應該透過一些微小的細節去找出真相和本質。無論如何普通、如何常見的現象，只要我們用心觀察，必定能從中發現背後隱藏的深層事物。一些細小的事情當中，或許恰巧蘊藏著大科學和大智慧，也只有我們留心身邊的一切事物，才能發現真相，而不做錯誤的決定。

有這樣一則故事。

楚漢戰爭期間，項羽手下范增、鍾離昧等文臣武將，個個剛正不阿、忠心耿耿，為項羽爭霸天下屢立戰功。尤其是范增，足智多謀，被項羽尊稱為亞父。

范增曾多次勸說項羽誅殺劉邦，劉邦對他懷恨在心，總是想找個辦法除掉他。謀士陳平看出了劉邦的心意，建議劉邦利用項羽為人生性多疑的特點，離間項羽與其群臣的關係，使他們內部自相殘殺，到那時漢軍趁機進攻，定會大獲全勝。

劉邦聽了陳平之計，正中下懷。於是取出大量黃金交給陳平實施反間計。陳平用這些黃金聘請了許多奸細，到楚軍內部散布謠言，聲稱：范增、鍾離昧等人都為項王立下過汗馬功勞，卻得不到項王的賞賜，他們心懷不滿，勾結漢軍，伺機造反。項羽聽到此傳言，果然中計。

這年夏天，楚軍在滎陽轉攻劉邦，滎陽形勢十分危急。劉邦見無路可走，派人向項羽求和。范增勸項羽不要給劉邦喘息之機，應火速攻下滎陽，抓獲劉邦。項羽舉棋不定，且聽信傳言在前，便未採納范增的意見，反而派一使者探探虛實。那陳平見時機非常有利，再施反間計，以徹底除掉范增。他命人置備了一桌豐盛的宴席，端去款待使者。一見使者，陳平假裝吃了一驚，說：「原來是項王的使者，我還以為是亞父派來的。」隨即命人將酒席撤去，改換了粗茶淡飯。

那使者惱火之餘，向項羽彙報情況。項羽果然疑心大起，有意疏遠范增。有人將項羽猜忌之事告訴了范增，范增非常生氣，去向項羽請辭。項羽滿心猜忌，早想除去他，今見范增自己請退，便毫不阻攔，立即應允。隨後，范增在歸鄉途中病發身亡，項羽也在垓下一戰敗北，而被迫自刎於烏江。

項羽的失敗就是因為他聽信謠言，沒有發現真相和本質。如果項羽沒有輕信讒言，沒有中陳平的反間計，如果他是一個善於發現事物本質的人，那歷史將會被改寫。

關注別人不注意的現象，能夠看到現象後的本質，洞察其中的蛛絲馬跡。

提高善於發現的能力，還要在工作生活中養成處處留心的習慣，因為處處留心皆學問。

還有這樣一則故事。

明朝嘉靖年間，北京城裡有一位很有名的裁縫，無論何人，由他裁製的衣服都很合身。

有位京城御史慕名前來，請他製作官服。這位裁縫並不急著量尺寸，而是先詢問御史的官齡。御史感到納悶，問道：「官齡和裁衣有什麼關係嗎？」裁縫說：「大有關係。根據我平時的觀察，如果是初任高官，一般都是意氣風發，志高氣盛，衣服應前長後短；任職稍久，在官場已經過磨練，則意氣稍平，衣服應前後一般長短；如果任職久了，而且可能升官，則內心謙遜，身體往往微俯，衣服就應前短後長。」

裁縫透過留心觀察當官者的表現，掌握了當官者的心態，養成了獨特的職業眼光，從而獲得成功。

世間萬物錯綜複雜，不可能讓人一目了然，所以古人云：不畏浮雲遮望眼。面對生活中種種紛雜的現象，我們只有提高自己善於發現的能力，才能辨別是非，去偽存真，抓住本質，明確方向，最終把握成功的機會。

## ★「多做一點」的力量

在工作或生活中，我們總是渴望成功。可是，在競爭激烈的今天，別人不比我們傻，我們也未必比別人聰明，那麼我們憑什麼成功？

有這樣一則故事。

小傑大學畢業後，到了一家出版社的工作。當時，出版社正在編輯一套叢書，每個人都很忙，經理更是沒有時間安排小傑的具體工作。

於是小傑成了「萬金油」，業務部、編輯部、印刷部，哪裡有需要，他就被指派到哪裡，他卻毫無怨言，總是把每一樣工作都做得盡善盡美。

「你真是傻瓜，這樣被別人指來派去，做了那麼多事，最後連自己的獎金到哪個部門領都不知道。」有人這樣嘲笑他。

小傑只是笑笑，依然認真地去做每一件事情。

也有人挖苦他說：「你真是沒出息，每天比誰做得都多，但是卻都是一些雞毛蒜皮的小事，你這樣做，再長時間也沒有成果。」

的確，小傑做的事情很瑣碎，包書、送書、取書、郵寄、聯絡這些事情，表面上看來的確不值得一個大學生全心投入，然而，小傑卻不這麼認為，他認為每一件工作都是有意義，認真去做就一定會有收穫。因為他的用心和努力，每一個指派工作的人都對他很滿意。

三年後，小傑被提拔為發行部主管時，很多人都感到意外，但公司總裁的話讓大家幡然醒悟，他說：「小傑在每一件事情上都比別人多做一點，所以他能勝任所有部門的工作，熟悉了所有部門的經營管理。這一點，整個出版社沒有一個人比得上他。」十年後，老總裁退休時，曾經的「萬金油」——小傑出任了公司總裁；十五年後，小傑成立了自己的出版社，並取得了非凡的成就。

小傑的故事讓我們深刻地了解到，成功的不二法則是：比別人多做一點。

「比別人多做一點」是一種素養，它體現的是一個人追求卓越、絕不安於現狀的工作態度。

「比別人多做一點」是一種精神，它秉承的是主動和自發。西諺有云：「主動的人，必是站在君主身邊的人。」的確，只有比別人多一些主動，才可以得到更多賞識。當主動成為一種習慣時，你也就擁有了事業成功的通行證。

「比別人多做一點」是一種激情，它體現的是一種精益求精、積極進取的工作狀態。激情，是鞭策、鼓勵我們進取的不竭動力，只有比別人多一份激情，才能使自己對現實中的困難毫無畏懼；只有比別人多一份激情，才能在前進的旅途中更增添一份動力。

「比別人多做一點」是一種意識，它體現的是對成功的渴望與執著。

在今天的職場中，生存已屬不易，成功更是難上加難。這就需要我們有堅強的意志和永不服輸的精神，面對一切職場道路上的艱辛。執著是生命的脊梁，也是在殘酷競爭中無往不勝的法寶。所以要想在職場中站住腳，就要有足夠堅強的意志，經受失敗的打擊和考驗。

總之，「比別人多做一點」，是指在工作中比別人「看得更遠，做得更多，動力更足，速度更快，堅持更久」。

在現代社會中，我們需要的正是小傑這樣的人：他們不僅能圓滿完成分內的事，還會想盡辦法完成更多任務。

無論你是普通員工還是管理者，「比別人多做一點」的態度能使你從競爭者中脫穎而出。你的老闆、委託人和客戶會關注你、信賴你，從而給你更多的機會。

## ★成功的起點在細微處

臺灣首富王永慶有「經營之神」和「塑膠大王」之稱，他白手起家，卻能將臺灣塑膠集團推到世界化工業的前五十名，締造了一個馳騁國際石化界的傳奇，而他的成功，竟是從小小的米粒開始。

王永慶早年因家裡貧困讀不起書，十五歲就去米店當起了長工。聰明的他除了完成送米的本職工作以外，處處留心老闆經營米店的訣竅，學習做生意的本領，並在十六歲時，從老家到嘉義開了一家米店。那時，小小的嘉義已有米店近三十家，競爭非常激烈。當時僅有兩百元資金的王永慶，只能在一條偏僻的巷子裡承租一個很小的店面。他的米店最年輕，規模最小，更談不上知名度，沒有任何競爭優勢。在新開張的那段日子裡，生意冷冷清清，門可羅雀。

剛開始，王永慶曾背著米挨家挨戶推銷，一天下來，不僅非常累，效果也不太好。誰會去買一個小商販上門推銷的米呢？可是怎樣才能打開銷路呢？王永慶決定從每一粒米上打開突破口。那時候的臺灣，農民還需要手工作業，由於稻穀收割與加工技術原始，很多小石頭之類的事物很容易摻雜在米裡，人們在做飯之前，都要淘好幾次米，很不方便，但大家都已見怪不怪，習以為常。

王永慶卻從這司空見慣的現象中找到了切入點。他和兩個弟弟一齊動手，一點一點地將摻雜在米裡的秕糠、砂石之類的雜物揀選出來，然後再賣。一時間，小鎮上的主婦都說，王永慶賣的米品質好，省去了淘米的麻煩。這樣，一傳十，十傳百，米店的生意日漸興隆。

王永慶並沒有就此滿足。他還要在米上下大工夫。那時候，顧客都是上門買米，自己運送回家。這對年輕人來說不算什麼，但對一些上了年紀的人來說，就大大的不便，而年輕人又無暇顧及家務，買米的顧客以老年人居多。王永慶注意到這一細節，於是主動送米上門。這一方便顧客的服務措施同樣大受歡迎。當時還沒有「送貨上門」一說，增加這一服務專案等於是一項創舉。

王永慶送米，並非送到顧客家門口了事，還要將米倒進米缸裡。如果米缸裡還有陳米，他就將陳米倒出來，把米缸擦乾淨，再把新米倒進去，然後將陳米放回上層，這樣，陳米就不至於因存放過久而變質。王永慶這一精細的服務，令顧客深受感動，贏得了很多回頭客。

如果送米給新顧客，王永慶就會細心地記下這戶人家米缸的容量，並且問明家裡有多少人吃飯，幾個大人、幾個小孩，每人飯量如何，據此估計該戶人家下次買米的大概時間，記在本子上。到時候，不等顧客上門，他就主動將相應數量的米送到顧客家裡。

王永慶精細、務實的服務，使嘉義人都知道，在米市馬路盡頭的巷子裡，有一個賣好米並送貨上門的王永慶。有了知名度後，王永慶的生意更加興隆。這樣，經過一年多的資金累積和客戶累積，王永慶便開設了碾米廠，在最繁華熱鬧的臨街處，租了一處比原來大好幾倍的房子，臨街做店面，裡面做碾米廠。

就這樣，王永慶從小小的米店生意，開始了他後來問鼎臺灣首富的事業。

一九八八年，美國權威雜誌《富比士》報導，在全世界擁有十億美元以上資產的富豪中，王永慶以四十億美元居第十六位！從不名一文的窮小子到億萬富豪，從不識「塑膠」二字的外行到赫赫有名的塑膠博士、「世界塑膠大王」，王永慶用一粒米，成就了自己輝煌的一生。

王永慶的成功說明，不要以為成功就非得轟轟烈烈、驚天動地，把一粒米這樣細小的工作做好，同樣也是一種創造。

我們再來看一個從細微處成功的例子。

胡振遠是一位普通農民。他受朋友邀請前往韓國旅遊。赴韓國前，朋友們紛紛要他帶點韓國泡菜回來。

可是到了韓國，他買好泡菜後卻在回旅店的路上遇到了麻煩。他拎著三十多公斤的四大袋泡菜，走著走著，雙手很快就被勒得血紅，感覺火辣辣地痛，於是便在路上順手折下了一段松樹枝，用其作提手。誰知，韓國員警認為他損壞樹木，以破壞韓國生態環境為由，罰了他五十美元！

這件事使他覺得既划不來，又丟臉。事後，他總想從韓國人那裡挽回面子，可是該怎麼挽回呢？這時，他突然想到自己在韓國超市購物時，常常看見顧客提著購物袋都出現勒手的現象，心想如果自己能發明一種方便人們提拿物品的工具，不是既能解決人們購物後的煩惱，又能讓韓國人不小看自己，還賺他們的錢嗎？

一些朋友獲悉他的想法後，紛紛對他的設想表示懷疑。對他做這樣一個毫不起眼的東西表示不屑。

面對人們的質疑和鄙視，胡振遠一直沒有動搖信心，他堅信有市場的東西肯定就能成為商品，就能賺錢！

從韓國旅遊後，胡振遠便開始琢磨，並將這個想法設計了出來。

接下來，便要選擇製造材料了。第一次製作時，他採用了鐵質材料，但做出一個樣品後，他拿在手上感覺很笨重，攜帶不方便，而且鐵質材料在冬天還會隨著氣溫變低而發冷，讓使用者握著有冰涼的感覺。於是，他又轉而做了個塑膠提手，結果發現塑膠提手承重力不夠！以後他又試過用木質材料做提手，可強度還是不夠，而且不利於環保結果，他努力了好長一段時間，也沒有找到合適的製作材料。

經過兩個月執著尋找，胡振遠最終決定使用聚丙乙烯作為提手的材料。第一個樣品製作出來後，胡振遠發現小提手的質地較軟，便請工程師再設計第二套模具。結果，這次又發現提手的承重力不夠，在提手兩邊掛上六塊磚頭，拎著沒問題，但一抖動就斷裂了，進行了幾次破壞性實驗後，他開始研究在聚丙乙烯材質不改變的前提下，如何使小提手擁有更大的負重量。透過利用鋼管比鋼筋承重力大的原理改良，把橫杆部分由實心改為空心，這一次生產出來的樣品終於令他滿意了。

實驗完畢，胡振遠試著生產了一批小提手，並將樣品送給鄰居試用，獲得良好反響，證實了胡振遠的預見。他不再擔心提手不能變成商品，更不用擔心沒有市場了。

當胡振遠設計的第一批小型提手生產出來，他決定首先向韓國銷售。胡振遠查閱了大量資料後得出結論：韓國人十分注重商品包裝，目前自己製作的提手外形顏色過於樸素，顯然不符合韓國人的消費心理。據此，他將小提手的顏色改變成了各種鮮豔的顏色，並按照國際化標準規範精緻包裝。

這些準備工作籌備完畢之後，他又經過一番苦心尋找，終於透過一個仲介公司，找到了一家專做韓國貿易的公司。誰知，人家對他的小提手根本不感興趣，說：「這個東西太小，利潤微薄，即使進入韓國市場，也不會引起人們的興趣，你還是別浪費錢財了！」但胡振遠偏偏不願放棄，他說：「我在韓國被罰是丟中國人的臉，這個面子我一定要挽回來！」在他極力地說服下，這家公司終於被他的執著感動，答應推廣小提手到韓國，但所有費用由胡振遠承擔。

胡振遠心一橫，答應了貿易公司的要求。很快，該公司就將小提手銷往韓國的相關公司。令天津公司意外的是，這個毫不起眼的東西登陸韓國後，經過現場推廣和演示，一個星期以後就接到了韓國一家大型超市的傳真訂單，以每支提手 0.25 美元的離岸價格，一次訂購一百二十萬支小提手，並要求一週內出貨！首次交易，胡振遠就打了一次漂亮的仗，不僅實現了他的創業初衷，還順利地賺到了韓國人的錢，也終於挽回了顏面。

現在，胡振遠的小提手每年生產量都達到幾百萬隻，而這個數量還遠遠供不應求。僅僅三年，一個不起眼的小提手就讓胡振遠改變了命運。

胡振遠靈光一閃，用一個能滿足人們需要的「小東西」，為自己創造了成功的機會，也改變了自己的命運。

其實改變命運的機會，往往就蘊藏在那些微不足道的小事中。例如筷子是為吃飯發明，鞋子是為了走路製造，杯子是為了喝水生產。那些生活中的需求，正是一種成功的契機，只要你能從細微處努力，把握人們的需求，就可以成就自己，迎來成功與財富，進而改變自己的命運！

這就是王永慶和胡振遠帶給我們的成功啟示。

## ★培養抓住機會的能力

機會對成功來說至關重要，一個人再怎麼有才能，再怎麼有豪情壯志，要是沒有好的機會，沒有發揮的環境，就沒有用武之地。自古就有「沒有場外的舉人」之說，這也表明了機會對於成功無比重要！

成功需要努力，更需要機會，敏銳地把握住每一個潛在機會的人，更有可能走向成功。

有這樣一則故事：

兩名年輕人一同尋找工作，一名是英國人，一名是猶太人。一枚硬幣躺在地上，英國青年看也不看地走了過去，猶太青年卻激動地將它撿起。英國青年對猶太青年的舉動露出鄙夷之色：一枚硬幣也撿，真沒出息。猶太青年望著遠去的英國青年，心生感慨：讓錢白白地從身邊溜走，真沒出息。兩個人進了同一家公司，公司很小，工作很累，薪水也低，英國青年不屑一顧地走了，而猶太青年卻高高興興地留了下來。

兩年後，兩人在街上相遇，猶太青年已成了老闆，而英國青年還在找工作。英國青年對此不可理解，說：「你這麼沒出息的人怎麼能這麼快就『發』了？」猶太青年說：「因為我沒像你那樣，紳士般地從一枚硬幣上邁過去。你連一枚硬幣都不要，怎麼會發大財呢？」

英國青年並非不要錢，可他的眼睛盯的是大錢而不是小錢，所以他的錢總在明天，這就是問題的答案。

其實，一枚硬幣，或許能改變你整個人生的軌跡。

還有這樣一則故事：

世界上最早的火車，只是在駕駛室裡裝上一個煞車，而車廂裡沒有。火車司機必須用手扳動煞車手柄，不方便而且效力不大。一次，一個窮苦的年輕人目睹了一起可怕的火車車禍，很多人喪命。就是因為煞車力量不夠，不能迅速停車的緣故。

一天，這個年輕人悶悶不樂地在辦公室裡坐著。他需要錢，偏偏錢又賺得很少。這時門開了，一個衣衫襤褸的女孩兒走了進來，請他買一份《生活世紀》報紙。他告訴她沒有錢買，她就轉身向門外走去。但當他看到女孩兒悲哀的面孔後，又把她叫了回來，他仔細搜尋自己的口袋，終於找到了可以購買一份報紙的硬幣。

也許年輕人從來都沒有想到過要從那張報紙上獲得什麼，也許他從來都沒有指望過靠他的同情與憐憫施捨的一枚硬幣來改變他的命運，然而這枚硬幣不但改變了他的命運，也改變了全世界人的命運。

那份報紙描述了當時工程師在蒙塞拉特山下開鑿一條隧道的情況。他發現工人在開鑿隧道時用的是大功率的鑿岩機，而這些鑿岩機是由壓縮空氣驅動。職業的敏感讓他懷著極大的興趣讀完了這條消息。他想知道是否可以利用壓縮空氣來驅動煞車。如果壓縮空氣的力如此之大，足以在隧道裡推動鑿岩機作業，那麼或許也能使沉重的列車停車而避免相撞。

事實證明，他的想法是正確的。經過多次嘗試，一種新式煞車誕生了。從那時起，他的發明在世界各地的鐵路挽救了千千萬萬人的生命，而他就是法國壓縮空氣煞車的發明人威斯汀．豪斯。後來，當有人問及威斯汀．豪斯是怎樣產生用壓縮空氣來驅動煞車的想法時，他只說了一句話：「我的成功要歸於一枚平凡的硬幣。」

命運掌握在自己手中，小如生活中的一枚硬幣，也暗藏改變命運的玄機。因此，對於身邊任何平常的東西，我們都要保持一顆敏感的心，不放過任何一個改變自己命運的機會，把握每一個微小的機會，多給自己和身邊的人機會，你的人生將會有一番別樣的成就。

## ★不成功常常因為「只差一點點」

「千里之堤，潰於蟻穴」，這句廣為流傳的古訓，告訴我們這樣一個道理：不能忽視細微的錯誤或壞事，因為它們在關鍵時候有可能帶來毀滅性的打擊。當錯誤或壞事剛出現一點苗頭的時候，就要加以防止，不讓它發展，以便達到「防患於未然」的目的。只有在一開始就堵住它，才能避免大的損失。

有這樣一則故事：

一四八五年，當時的英國國王到博斯沃思征討與自己爭奪王位的里奇蒙伯爵。決戰一觸即發，戰鬥雙方劍拔弩張。他們都知道勝敗將在此一舉，他們當中的一方要戴上大英帝國的王冠，而另一方則只能淪為階下囚。

決戰前一天，國王責令全軍將士都要嚴整軍容，並且調整到最好的狀態，例如，確保有足夠的盾牌和長矛，使自己的鋼刀更加鋒利，以及使自己的戰馬更加勇往直前等。一位叫傑克的毛頭年輕人在這場戰役中，擔任國王的御用馬夫。他牽著國王最鍾愛的戰馬來到了鐵匠鋪，要求鐵匠為這匹屢建奇功的戰馬釘上馬掌。

「快點給它釘掌」，馬夫對鐵匠說，「國王希望騎著牠衝鋒。」

釘馬掌的工作其實很簡單，這個技藝嫻熟的鐵匠不知道已經為多少匹戰馬釘過馬掌了。但是就在為國王的御用戰馬釘馬掌的這一刻，他卻感到了為難，原來是他手中的鐵片不夠了。於是他告訴馬夫需要等一會兒，自己要到倉庫中尋找一些能用於釘馬掌的鐵片。

「我等不及了，」馬夫不耐煩地叫道，「敵人正在前進，我們必須在戰場上迎擊敵兵，有什麼你就用什麼吧。」

於是鐵匠找到了一根鐵條，當鐵條被橫截之後，正好可以當成鐵片用。鐵匠將它們砸平、整形，固定在馬蹄上，然後開始往馬蹄上釘釘子。

釘了三個馬掌後，鐵匠發現沒有多餘的釘子來釘第四個馬掌了。「我需要一兩個釘子，」他說，「得需要點時間打出兩個釘子。」

「我告訴過你我等不及了，」馬夫急切地說，「我聽見軍號了，你能不能隨便一點？」

「我能把馬掌釘上，但是不能像其他幾個那麼結實。」鐵匠說。

「能不能掛住？」馬夫問。

「應該能，」鐵匠回答，「但我沒有把握。」

「好吧，就這樣，」馬夫叫道，「快點，要不然國王會怪罪到我們頭上。」

兩軍交鋒，國王衝鋒陷陣，帶領士兵迎戰敵人。「衝啊，衝啊！」他喊著，率領部隊衝向敵陣。遠遠的，他看見戰場另一頭幾個士兵退卻了。如果別人看見他們這樣，也會後退，所以理查三世策馬揚鞭衝向那個缺口，召喚士兵調頭戰鬥；但還沒走到一半，一隻馬掌掉了，戰馬跌倒，國王也被掀翻在地上。

國王還沒有抓住韁繩，驚恐的馬就跳起來逃走了。國王環顧四周，他的士兵紛紛轉身撤退，敵人的軍隊包圍了上來。

他在空中揮舞寶劍，「馬！」他喊道，「一匹馬，我的國家傾覆就因為這一匹馬！」

他失去了馬以後，軍隊已經分崩離析，士兵自顧不暇。不一會兒，敵軍俘獲了國王，戰鬥結束了。

於是，從那時起人們就傳唱著這樣一個歌謠：「少了一個鐵釘，丟了一隻馬掌；丟了一隻馬掌，壞了一匹戰馬；壞了一匹戰馬，敗了一場戰役；敗了一場戰役，失去一個國家。」

所有的損失都是因為少了一個馬釘。

任何問題都是從細微處開始，我們要在平時多關注身邊細微的變化，從一點一滴的小處開始注意，防患於未然，避免壞事由小漸大，釀成惡果。我們要從大處著眼，從細微之處著手，絕不要對小的錯誤置之不理。假如不注意小的錯誤，就會釀成大的悲劇或損失。

任何事情都環環相扣、互相關聯，我們的生活也是如此。有時候，就是因為一個不起眼的細節沒注意，最終造成難以估量的損失。因此，任何事情我們都要從細節抓起，防微杜漸，不放過任何隱患，不能麻痺大意，因小失大。

## ★永不失敗的鐵律

生活需要嚴謹、細緻的態度，只有嚴謹，你才能走得穩，走得遠。老子有云：「天下難事，必做於易；天下大事，必做於細。」這就是說，做事情不要看不上那些簡單的小事情，尤其要注意那些大家容易忽略，並且認為很簡單很容易的小事。一個人能永遠將簡單的事情做到完美，這就是不簡單。

嚴謹不是小事情，它是成功必備的一種素養。有這麼一個笑話：若是在大街上丟失十塊錢，英國人毫不驚慌，頂多聳聳肩膀像什麼事也沒發生一樣；美國人會很快叫來員警，報案之後留下電話，然後嚼著口香糖揚長而去；日本人痛恨自己粗心大意，回到家裡還要反覆檢討；德國人則會立即在遺失地點的一百平方公尺內畫上座標和方格，一格一格地用放大鏡認真尋找。

還有人講過這麼一則故事：

一位編劇朋友跟隨一個劇組到德國漢堡演出，在那裡看到了德國人做事認真嚴謹的一幕：「事情是這樣的：我們的燈光設計人員在劇院爬吊杆裝吊燈時，準備使用從國內帶去的「人字梯」，可是德國技師卻認為不安全，堅持要用「德國製造」、有調節平衡裝置的梯子。他們當場架好梯子後，精細地調節四隻梯腳，使之分毫不差地保持在同一個水平面上，以保證梯子的絕對垂直和平衡。這樣調試過後，德國技師仍然不放心，又親自上上下下幾個來回，確認百分之百地堅固平穩後，才允許我們的燈光設計人員爬上去作業。」

當時在場的編劇覺得德國人做事未免過於刻板，就把這件事告訴他朋友聽，結果他的朋友反過來，也講了自己剛來漢堡時的一次親身經歷。

有一次，他在規定限速的公路上超速了幾秒鐘，為的是迅速超車以便轉彎；結果，被他超車的這輛車在他後面緊追不捨，一直追到了家門。下車後，他問這個德國人為什麼一直跟著他？這個德國人回答說：「我追了你一個半小時，就是想問你一句話，你為什麼要超速？」講到這裡，這位朋友深有感慨地說：「我來到德國後才真正理解了，為什麼只有德國人製造出賓士！」

德國人正是憑藉著這種嚴謹的精神，才使德國成為一個強大的國家。

嚴謹與細緻，能提高我們的工作效率，能讓我們充分發揮能力，在工作和生活中獲得成功。嚴謹與細緻，無疑是每個人人生道路上最重要的必修課。

還有這樣一則故事：

一九六一年四月十二日上午，加加林駕駛「東方一號」太空船完成了世界上首次載人太空飛行。本來世界首位太空人安排的不是加加林，而是邦達連科。為什麼邦達連科沒有執行人類首次太空飛行的神聖使命呢？因為一個細節毀了他的前程。太空船即將升空的前一天，邦達連科在充滿純氧的船艙接受訓練，結束時他隨手將擦拭感測器的酒精棉團扔到一塊電極板上，頓時引發大火。邦達連科被燒傷，後來不治身亡。

當時，蘇聯方面召開緊急會議，重新研究上太空人選。加加林原來被安排為三號人選，也就是「板凳」隊員，為什麼最後卻成為了世界上第一位上太空的太空人呢？就是因為一個細節。在研究二號季托夫和三號加加林到底誰上太空時，意見分歧，爭執不下。太空船總設計師柯羅廖夫最後拍板加加林上天，理由是參加訓練的二十多位太空人每次進入太空船訓練，只有加加林不怕麻煩，脱下靴子，只穿襪子進入艙內。

這個故事告訴人們：嚴謹的人才能在細節處嚴格要求自己，在細節處把握成功的命脈。邦達連科因棉團失手引起大火而喪命，加加林因不怕脱鞋麻煩而取得人生輝煌。可見，成功需要養成嚴謹的習慣。

生活中還有許多這樣的例子，例如，轉緊一顆螺絲要「嚴絲合縫」，否則會留下隱患，經不起時間的考驗；寫一篇文章要結構合理，杜絕病句錯字，否則便是敗筆，禁不住讀者推敲；簽一份商業合約，要逐條細察嚴防漏洞，否則讓人家埋下伏筆，有可趁之機，最後會為自己造成經濟損失。

在工作中，像類似、可能、也許、差不多、大概這類的字眼不能夠出現，任何時候我們都要追求準確，用嚴謹的態度對待每一個數字、每一件事。

慎易以避難，敬細以遠大。嚴謹的生活和工作習慣，是成功人生最基本的素養。成功人士情況各異，但驚人之處就是他們都嚴謹認真、一絲不苟。用嚴謹對待一切，就不會在別人容易跌倒的地方繼續跌倒。嚴謹的習慣影響到一個人的一輩子，養成嚴謹習慣，將使你受益無窮。

嚴謹的作風是一筆財富，讓你一輩子無論走到哪裡都受益匪淺！

# 第一章　細節決定人生成敗

## 永不失敗的鐵律

# 第二章　學習可以改變命運

## ★進取心是內在驅動力

人生，就是一個不斷努力和前進的過程。對於自己渴望的東西或想要完成的目標，總會竭盡全力去爭取。不論是誰，在想要做的事情上，就算花再多的時間和精力，都心甘情願。不過，很多人在取得一定的成就後，就開始有了一種「守成」的觀念，漸漸地開始滿足現狀，停止前進的腳步。

據統計：有些獲得諾貝爾獎的人，在其後半生一直碌碌無為，這是因為他們的內心被既有的成就占滿，已經沒有多餘的精力思考其他事情了。他們就像一個飽腹的人，沒有去為自己尋找新食物的緊迫感。所以，想取得更大的成就，就必須學會忘記曾經取得的成績，讓自己時刻保持對成功的饑餓感。

進取不一定成功，但成功一定需要進取。進取是一種精神，一種能夠成就一個人、成就一個企業、成就一個社會的精神。一個努力進取的人，必定是積極主動、充滿熱情、靈活自信的人。有進取心的人不用別人告訴他應該做什麼，他就會主動去了解自己要做什麼，然後全力以赴地完成。每個人都需要進取，在機遇和挑戰面前，進取的人更能夠把握好自我的角色和定位。

進取是一種境界，是一種與時俱進的時代精神。進取心讓你打破墨守成規、安於現狀、小富即安的觀念，快速地走在前進的路上。

要保持進取心，就要為自己定一個遠大的目標。這個目標不能過低，必須高於你現有的能力。目標過低，實現的機率就過大，太容易讓人產生滿足感。只有擁有遠大的目標，才能激勵和提醒自己：我必須前進，充實自己，為實現目標而努力奮鬥。

人不能滿足現狀，永遠在原地踏步。不斷進取才能取得更大的成就，遠大的目標能督促人不斷進步。

我們來看這樣一則故事：

美國某鐵路公司總經理，年輕時在鐵路沿線，做三等列車上管煞車的工人，週薪只有十二美元。有一位資深工人對他說：「你不要以為做了管煞車的工人便趾高氣昂。我告訴你，起碼要在四五年後，你才會升做車長呢。而且，那時你還得小心翼翼，以免被開除，如此才能安度週薪一百美元的一生。」

可是他卻冷冷地答道：「你以為我做了車長，就滿足了嗎？我還準備做鐵路公司的總經理呢。」

這個人最終獲得了成功，成為了這家鐵路公司的總經理。可見，對自身的不滿足，是一個人取得更大成功的關鍵。

真正能成大事的人，內心必然會有一種強烈的進取意識，他們不滿足於現在的成績，眼光更加長遠，他們一步步地規劃著自己的人生，他們的生活始終有一個高遠的目標引領，讓他們的目標明確、定位清晰，最後，他們才能完成自己的目標，到達一個旁人無法企及的高度。他們會對自己的生活評估，會時刻督促自己走在上坡路上，不斷向上攀登。當然，在前進的途中必定會有許多艱難險阻，會有阻礙和困難，但是，他們的內心充滿力量，不退縮，不畏懼，想盡一切辦法去戰勝和克服所有困難，憑藉自己的聰明才智和頑強不屈的意志取勝。對他們來說，生活的宗旨就是不斷進取，強烈的進取心使他們獲得了一種源源不斷的內在驅動力，從而大步地走向成功。

## ★改變命運靠學習

學習，是我們每個人必須具備的一種能力，學習讓人進步，讓人認識和了解外面的世界，並不斷完

## 第二章　學習可以改變命運

### 改變命運靠學習

善和發展自我。一個人只有不斷學習，才能進步，獲得新知，成長才幹，才能跟得上時代的進步。

學習使人聰慧，使人全面發展。一個擁有學習能力的人，就能夠一直保持奮進的狀態，不斷走向卓越。學習應該是人們生活中一個永恆的主題，只有學習，才能讓自己的心智更加成熟和健全。

有這樣兩則故事：

「人要有自己的東西！」這是張藝謀的座右銘。他以自己富有幻想、大膽創造的精神，在藝術的道路上苦苦摸索。長時間的鄉下生活使他意識到，要彌補自身文化的不足，就要透過知識和技能改變，這是他唯一的出路和救命稻草。所以，他對繪畫、書法、文學、表演、攝影，幾乎樣樣涉足，什麼都要嘗試。白天構圖取景，夜晚沖洗剪裁，參加各類活動，一直忙到深夜，他依然樂此不疲。光陰似箭，年復一年，而張藝謀也終於成為一名佼佼者，集攝、演、導於一身，被譽為「影壇奇才」。

知識就是力量，知識的獲取靠的是學習，靠的是平時的累積！現在已經進入了知識經濟時代，命運的改變靠的是知識，一個有知識的人，才能掌握自己的命運。知識在個人成長過程中所占據的地位越來越重要，成為徹底改變個人命運的第一推動力。

學習是一個不能間斷的過程，它就像逆水行舟，不進則退，不會給你原地踏步的機會。人不謀求進步，就會後退，而且，知識的折舊率很高，一個人不進步，就會面臨被淘汰的風險，因為現代社會的更新發展極快，不學習的人就會處於劣勢，出局的機率很高。一個人要想成長得更快，就一定要喜歡學習、善於學習、經常學習。

猶太人說：「沒有知識就不能成為真正的商人。」你能得到多少，往往取決於你能知道多少。因此，知識能改變命運。

慎記學習改變命運，奮鬥成就人生。

有這樣一則故事：

這是美國東部一所大學期末考試的最後一天。在教學樓的台階上，一群工程學高年級生擠在一起，正在討論幾分鐘後就要開始的考試，他們的臉上充滿了自信。這是他們參加畢業典禮和工作之前的最後一次測驗了。

一些人在談論他們現在已經找到的工作；另一些人則談論他們將會得到的工作。帶著四年的大學學習所獲得的自信，他們感覺自己已經準備好了，並且能夠征服整個世界。他們知道，這場即將到來的測驗將會很快結束，因為教授說過，他們可以帶他們想帶的任何書或筆記，但要求只有一個，就是他們不能在測驗的時候交頭接耳。

他們興高采烈地衝進教室。教授將試卷發下去。當學生注意到只有五道評論類型的問題時，笑容更加得意了；三個小時過去，教授開始收試卷。學生看起來不再自信了，他們的臉上是一種恐懼的表情。沒有一個人說話。教授手裡拿著試卷，面對著整個班級。他俯視著眼前那一張張焦慮的面孔，問道：「完成五道題目的有多少人？」沒有一隻手舉起來。「完成四道題的有多少？」仍然沒有人舉手。「三道題？」學生開始有些不安，在座位上扭來扭去。「那一道題呢？」教授問。

但是整個教室仍然很沉默。

「這正是我期望得到的結果。」教授說，「我只想給你們留下一個深刻的印象，即使你們已經完成了四年的工程學習，關於這門課程仍然有很多的東西是你們不知道的。這些你們不能回答的問題，與每天的生活實踐相關。」然後他微笑著補充道：「你們都會通過這門課程，但是記住——即使你們現在已是大學畢業生了，你們的學習仍然還只是剛剛開始。」隨著時間的流逝，教授的名字已經被遺忘了，但是他教的這堂課卻沒有被遺忘。

一般來說，能夠有所成就的人，都是能自主學習，他們會找出一切時間看書學習，只有不斷學習的人，才能把握時代的命脈，不會被前進的激流擊退。

有這樣一則故事：

汽車大王福特年少時，曾在一家機械商店當店員，週薪只有 2.05 美元，但他卻每週都要花 2.03 美元買機械方面的書。當他結婚時，除了一大堆五花八門的機械雜誌和書籍，其他值錢的東西一無所有。就是這些書籍，使福特邁進了他嚮往已久的機械世界，開創出一番大事業。功成名就之後，福特曾說道：「對年輕人而言，學得將來賺錢所必需的知識與技能，遠比積蓄財富來得重要。」

事實已經證明，受教育最成功的人，往往是自學成功者或自我教育的人。而自我教育不足，對個人的成長是不利的。發表過演化論的達爾文就說過：「我最有價值的學問，全是自己苦讀學來。」

學，可以立志；學，可以成才；學，永遠不能停止。

## ★找到榜樣的力量

每個人成功的背後，總會有一個激勵他的榜樣，而他自己的成功，同樣也會成為他人學習的榜樣。對每個人來說，成功的人就是一本值得我們細讀的書。

有這樣一則故事：

美國一位名叫亞瑟·華卡的著名銀行家，他的成功，得益於他少年時的一次經歷。

一天，亞瑟·華卡在雜誌上讀到大實業家威廉·亞斯達的故事，非常希望見到他，並希望成為像他那樣的人。終於有一天，亞瑟·華卡見到了威廉·亞斯達。當亞瑟·華卡問其成功的祕訣時，威廉·亞斯達說：「只要多結交比自己更優秀的人，你就有成功的那一天。」此後，亞瑟·華卡一直實踐著這一基本信條；不到五年的時間，終於如願以償地實現了自己的夢想，成為銀行家。後來，有年輕人向華卡討教經驗，亞瑟·華卡說：「我希望你常向比你優秀的人學習，這對做學問或做人都有益。」

所以說，每一名成功的人士，都有一個成功的榜樣。

跟優秀的人在一起，你能感受到他們散發出的力量，學習到他們的思維模式，借鑑其優秀的經驗，就猶如一本優秀的書，它不僅能成為我們的益友，而且可能成為指引我們走向成功的良師。與優秀者為伍，就能得到激勵和幫助，獲得一些成功的啟示。拿優秀的人比較，能夠對自己有一個全面的了解和認識，看清楚自己的長處和短處，從而做到揚長避短，完善自我，創新發展。

世上沒有全能的人，就算你再成功，總會在某一方面有所不足，所以，我們要永遠保持一顆謙虛的心，善於向優秀者學習。敢於並甘心做學生的人，才能不斷進步，不斷地去攀登高峰。「近朱者赤，近墨者黑」，就是人與人之間的相互影響。其實人與人之間雖然沒有「朱」與「墨」這麼絕對，但是人與人之間的互相影響的的確確存在。不可否認的是，優秀的人能讓你更優秀，即使是一個再普通不過的人，他的身上也會有你可以學習的某種優秀特質。

在我們的生活中，周圍的人對自己影響很大，甚至能改變人生的方向，決定人生成敗。你跟什麼樣的人在一起，就會有什麼樣的人生。和勤奮的人在一起，你就遠離懶惰；和積極的人在一起，你就不會消沉；與智者同行，你會不同凡響；與高人為伍，你就能登上巔峰。

如果你想跟雄鷹一樣振翅翱翔，那你就要和群鷹一起飛翔，而不要與燕子為伍；如果你想像野狼一樣馳騁大地，那你就要和狼群一起奔跑，而不能與鹿羊同行。正所謂：「畫眉麻雀不同嗓，金雞烏鴉不同窩。」這也許就是潛移默化的力量和耳濡目染的作用吧。

每個人都是處在這樣的聯繫和影響中。一個人若是能善於發現別人的優點，就能把這些優點轉化為自己的長處，從而成為一個睿智的人。優秀卓越的人，都能善於把握人生機遇，並加以利用，最終成就自己的夢想。只要你不斷吸取別人的長處，就能不斷完善自己；吸收的智慧，也能成就自己，這是一條有效可行的成功之道。假如你要想收穫精彩的人生，就和優秀的人在一起，讓榜樣成為你前進的助力吧。

## ★如何從你討厭的人身上學習

在我們的周圍，總會有一些讓我們生厭的人，但我們又拿他們沒辦法，總不能因為個人的情緒讓別人消失吧？既然討厭的人趕不走、逃不掉，那麼，我們不妨放平心態去接受，不妨把討厭模式轉化為學習模式，向他們學習吧。就算是你再討厭的一個人，他的身上也會有你可以學習的地方，有某些特長，能夠從自己討厭的人身上學習，你將會進步得更大更快。

「討厭」這種情緒每個人都會有，並且存在於我們生活中的方方面面。

人有不同的個性與處世方式，因此在交往活動中，難免會有碰撞和摩擦，面對別人與自己不同的性格、為人處世，就會滋生出一種討厭的情緒。不過，很多時候，或許這種分歧暗示了我們進步的空間，有時候，我們所討厭的東西，往往是我們自己最需要的。

有這樣一則故事：

傳播學巨擘麥克．魯漢坦承，他曾受到討厭的困擾：「有許多年，直到我寫《機器新娘》時，我對一切新環境都抱著極端的道德判斷態度。我討厭機器，厭惡城市，把工業革命與原罪畫上等號，把大眾傳媒與墮落畫上等號。簡而言之，我幾乎拒斥現代生活的一切。」但後來，他將這種負面情緒轉化為學術研究的動力，他說：「但是我逐漸感覺到這種態度是多麼無益。」他開始意識到二十世紀的藝術家——濟慈、龐德、喬伊絲、艾略特等人——發現了一種迥然不同的方法，這種方法建立在認識過程和創造過程合二為一的基礎上。他意識到，藝術創作是普通經驗的重播——從垃圾到寶貝。」

「我不再擔任正義魔人，而成了小學生。」麥克．魯漢最後說。

劉索拉有一本書，叫《活著就是為了尋找同類》，這是藝術家的表達方式。但是活著絕不是為了討厭異己，羅素說：「參差多態是幸福的本源。」

有評論家說：「最討厭的人，是世界的另一個我。」這說明，每個令你討厭的人身上，總有有待你去發現的優點。

有個著名的關於蘇東坡和佛印禪師的禪宗公案：

蘇東坡問佛印禪師看他像誰，佛印說看他像佛，蘇東坡譏笑道：「我看你像一堆牛糞。」佛印不語。蘇東坡高興地回家說給蘇小妹聽，蘇小妹說：「哥哥，你這次又輸了，你看別人是什麼，你自己就是什麼，你的看法是你內心的投射。」

討厭是一種感性的情緒，如果我們理智地去分析，就能從討厭的人身上發現很多值得學習的地方。

一般來說，人們有一個普遍的應激反應，就是同情弱者、討厭強者。強大者必有討厭之處，最討厭的物件往往是因為強大而「獲罪」。美國哲人愛默生講了一句話，他說：「所有的英雄最後都令人討厭。」人們用討厭的模式來取得某種平衡和平等，從而適應「強者生存」的達爾文生態環境。

一個明智的人能從討厭模式切換到學習模式，從而讓自己在各種情形中都能應付自如。

沒有人能十全十美，讓所有人都喜歡，也沒有人只有令人討厭的缺點，無論怎樣，也還是有優點存在的。記住一句有用的話：「請你最討厭的人吃飯，而不是請你最喜歡的人。」

## ★擁有挑戰權威的自信

在我們的生活中，有不計其數的權威。權威是人類進步的保證，所以我們需要權威，更要敬重權威。從某種程度上說，敬重權威就是尊重科學、尊重知識。然而，權威也並不是絕對的，任何權威，無論是學術權威、技術權威還是管理權威、領導權威，都有一定的知識局限，也都要受到一定的時間限制。所以，在敬重權威的同時，我們不能盲目迷信，在論證和辨析後，要敢於向其發出挑戰。無數事實表明，只要我們敢於挑戰權威，必定能夠創新、推動事業發展。諾貝爾經濟學獎獲得者薩繆森有一句名言：「科學是透過一次又一次的葬禮而前進。」當你挑戰某種權威後，權威勢力如若守舊，必然會向你大加撻伐。此時，你必須堅定信念、克服困難、勇往直前！

有這樣一則故事：

伽利略十七歲那年，考進了比薩大學醫學系。他喜歡問問題，不問個水落石出絕不甘休。

有一次上課，比羅教授講授胚胎學：「母親生男孩還是生女孩，是由父親身體的強弱所決定。父親身體強壯，母親就生男孩；父親身體衰弱，母親就生女孩。」

比羅教授的話音剛落，伽利略就舉手說道：「老師，我有疑問。」

比羅教授不高興地說：「你的問題太多了！你是個學生，上課時應該認真聽老師講，多記筆記，不要胡思亂想，動不動就提問題，影響同學們學習！」

「這不是胡思亂想，也不是動不動就提問題。我有一位鄰居，身體非常強壯，可他的妻子卻一連生了五個女兒。這與老師講的正好相反，這該怎麼解釋？」伽利略沒有被比羅教授嚇倒，繼續反問。

「我是根據古希臘著名學者亞里斯多德的觀點講的，不會錯！」比羅教授搬出了理論根據，想壓服他。

伽利略繼續說：「難道亞里斯多德講的不符合事實，也要硬說是對的嗎？科學一定要與事實符合，否則就不是真正的科學。」比羅教授被問倒了，下不了台。

後來，伽利略受到了校方的批評，但是他勇於堅持、好學善問、追求真理的精神卻絲毫沒有改變。正因為這樣，他最終成為一代科學巨匠。

伽利略之所以能取得成就，是因為他擁有向權威挑戰的精神。每個能夠有大作為的人，都有一份挑戰權威的自信，有一種必成的魄力。

想要超越自己的夢想，就要有敢於向權威挑戰的勇氣，有一種成大事的「野心」。這種勇氣、這種「野心」並非與生俱來，也並非魯莽草率。

對我們來說，與其在權威面前畏懼，不如立足於自己有實力挑戰的基礎上，抱著超越的「野心」去實現。這樣，總有一天你會創造一番屬於自己的成就。

有了挑戰權威的這份勇氣，你就邁向了成功的第一步，為自己的理想與抱負插上了一對有力的翅膀。人生需要奮進，奮進需要有向權威挑戰的勇氣，只有在不斷突圍的過程中，我們的生活才能呈現它的燦爛與美麗，我們才能嘗到酸甜苦辣各種滋味。少了這份勇氣，人生便會失去光澤，變得黯淡和乏味。

人人都嚮往成功的人生，成功需要突圍。當我們多了一份挑戰權威的勇氣時，就能自信昂揚地大步向前！

## ★好問是走向成功的階梯

好問，是自古崇尚的一種美德。成語「不恥下問」、「刨根問底」、「好問則裕」等，都是對好問精神的褒揚。

面對大千世界，我們要保持一顆敏感好問的心，在問與答的思維碰撞過程中，提升自己的智慧心智。所以，好問是每個人都需要具備的一種習慣。好問是一種寶貴的特質，它讓我們找到了存在的意義，使個人成長。也許不是每個問題都能有答案，但有時問的最終目的並非是要獲取答案，問的本身就具有意義。

有這樣一則故事：

愛迪生的父親是俄亥俄州米蘭的一名小農場場主，擁有一片果園，家境還算富裕。

愛迪生年少時常常一個人出神。他會久久地盯著一件東西，在心裡琢磨。他會久久地盯著慢慢浮動、不斷變換形狀的白雲，他會盯著雨後天際那七色彎彎的彩虹，他會盯著爐灶中晃動閃耀的火苗，他會盯著在樹梢間跳來跳去的小鳥。有時候，天空忽然烏雲密布，狂風驟起，雷聲越來越低，閃電也越來越密。正在一起玩耍的小朋友們會四散奔去，趕緊跑回家，家人們也忙著將雞鴨關起來，收拾屋外的東西，關好窗戶。而愛迪生卻盯著劃破天幕的閃電，諦聽那滾滾而來的雷聲，好奇地問著：「這是怎麼回事呢？為什麼下雨之前就會打雷、閃電呢？這雷的聲音和這閃電的亮光是怎麼出來的呢？」

正是因為愛迪生的勤學好問，才使他成為偉大的「發明大王」。

學習貫穿我們的整個生活，而提問是學習的一個重要途徑，每個人都離不開。孔子之所以成為一代賢人，固然有許多因素，但是好問是其中很重要的一個原因，所以他說：「敏而好學，不恥下問。」世界著名的天文學家哥白尼也是一個好問的人，他對周圍的世界充滿了好奇，經常纏著父母問很多問題：「太陽為什麼總是從東方升起，從西邊落下？晴朗的夜空有那麼多星星，為什麼到了白天卻無影無蹤？」這些旁人看起來稀奇古怪的「為什麼」，正是哥白尼探求科學奧祕的起點。學問學問，非學無以致疑，非問無以廣識。在學中問，在問中學，古人所謂「好學而不勤問，非能好學者也」，講的就是這個道理。

勤學不僅僅是刻苦學習，還要勤奮思考。思考的過程，就是一個不斷發現問題並解決問題的過程。疑問伴隨思考產生，學與問緊緊相連。古人曾說「好問則裕」，這是一個樸素的真理。

在學習求知的過程中，我們還要善於將勤學好問和觀察思考結合。學與問相輔相成，只有把這二者緊緊連繫，才能求得真知。有了勤學好問的習慣，你就有了兩隻展翅高飛的翅膀，能在知識的天空中任意翱翔，你將成為學習的主人。

放眼四周，那些走在成功道路上的人，都是有勤學好問的好習慣，這個好習慣，是他們前進的動力，也是他們成功的保證。

如果你是有理想、有目標的人，那就養成勤學好問的習慣吧！

## ★書是人類最好的精神食糧

韓愈曾說：「讀書勤乃有，不勤腹空虛。」這告訴我們，讀書是成才的一個必經途徑，是現代生活中不可缺少的內容，讀書在我們的日常生活中發揮著越來越重要的作用。讀書使人睿智，讓人始終保持頭腦的清醒，不被迅速發展的時代所淘汰。只有讀書學習，才能探索未知的領域。

有這樣一則故事：

侯晶晶是師範大學教育科學學院教師。十一歲時的一次誤診讓她不幸雙腿癱瘓。在短暫的痛苦與絕望之後，侯晶晶重新拿起了書本，漸漸地，她從書中找到了動力。她憑著堅強的毅力，在生理、心理、學業的三重考驗下，自學初中、高中的課程，並先後通過了英語專科、大學的自學考試課程。一九九八年，侯晶晶考取師範大學外語學院翻譯學專業的碩士研究生；三年之後，侯晶晶又以研究方向總分第一的成績，考取師範大學教育學專業的博士研究生。二〇〇四年，獲得博士學位的侯晶晶留在師範大學任教。

侯晶晶取得了正常人都難以達到的成就，是因為她透過讀書讓自己的精神世界一直保持著新鮮富足。讀書讓人樂於迎接挑戰，擁有堅強的意志。「讀書所累積的文化資本，也是讀書人服務社會的重要資源。」她這樣解釋自己執著的求學歷程。可見，善於讀書的人能使自己的生命不斷成長、豐盈，更加有質感。

近代著名學者余秋雨先生在文化苦旅中說：「將近四十年的讀書生涯，使我感到多讀書、讀好書的快樂和幸福。讀書成了我生命中第一需要。讀書使我認識了生命的價值，飽嘗人生的各種滋味，豐富了人生的內容，提高了生活生命的品質，使我無論做什麼工作，圖書管理員、班主任、教歷史、教語言，都覺得是一種不可多得的體驗，從而全身心地投入，在工作中得到了豐富的收穫，使生命自信而充實。」

讀書是創造的基礎。

SONY剛開始是日本的一家小公司，經過一番努力，一躍成為全日本屈指可數的大公司之一。這其中的原因，除了雄厚的科技實力外，還有一個是他們善於學習，借鑑《孫子兵法》，並運用到商業領域中，由此打開產品的銷路。《孫子兵法》由軍事領域推廣到商業領域，不能不說是一個創舉。但這個創舉又是以讀書為基礎。如果不讀書，就根本不知道有這本書的存在，就不可能了解其內容，更談不上由此而進行的創舉了。

書是人類最好的夥伴，也是最好的精神食糧。讀書讓我們的生活更加豐富，給我們有限的生活增添了無限的活力，還能讓我們集眾人的智慧，避免走前人的彎路，活得更加充實、更加有意義。書，能給人帶來源源不斷的幸福和快樂。

高爾基曾說過：「書，要算是人類在走向未來幸福的道路上所創造的一切奇蹟中，最複雜最偉大的奇蹟。」中國的古話說：「書中自有顏如玉，書中自有黃金屋。」書能讓人愉悅，能讓貧瘠和窮困潦倒的人重新燃起對生活的信心，書是我們生活的充實劑。讀書能改善自己的生活，是成才的重要途徑。

讀書的人更明事理，使我們的人生變得更豁達、更有目標。「人生如書，書如人生。」離開了書，我們的生活就失去一股強有力的支撐力量。

我們想成功，就應該把讀書當成習慣，在讀書中累積知識、累積成功的養分。在人生這個漫長的旅途中，只有與書結伴、與書為友，並從中找到人生的真理，才能最終走向成功。

讀書能陶冶人的性情，這是一個不容置疑的真理。人的一生都不能遠離書本，都要在讀書中進步，在自學中成長。

讓我們都去讀智慧之書，去創造一份屬於自己的幸福生活吧！

## ★在總結經驗中提高自己

一個人想進步，就得反思自己，自我完善。

有人問一位年輕有為成功人士的成功祕訣，他提出了一個簡單的方法：善於總結。他說，人們常說失敗是成功之母，那麼，總結就是成功之父。一個人只有不斷地從過去經歷中吸取教訓，不斷超越自己，才能成為一個成功的人。一名不會總結的人，就不能從過去的經歷中吸取教訓，並不斷超越。

人貴在思考，認真思考的人能走得更高更遠。做任何事都要認真計畫和總結，這樣才能心中有數，對任何狀況都能應付自如。總結自己的經驗教訓，才能不重複犯下的錯誤，才能取其精華、去其糟粕，提高處事能力。

李嘉誠特別善於總結經驗，他得出了自己商業王國的做事準則：低調做事、好謀而成、分段治事、不疾而速。

思之愈深，得之愈豐。無論是成功的經驗，還是錯誤和失敗的教訓，都是一種寶貴的財富。我們既要總結正面的經驗，也要總結反面的教訓，讓自己在總結中變得聰明起來。

善於總結經驗，是走向成功的基石。下面的兩個經典故事充分證明了這一點。

相聲語言大師侯寶林只上過三年小學，由於他勤奮好學，使他的藝術水準達到了爐火純青，成為有名的語言專家。有一次，他為了買到自己想買的一部明代笑話書《謔浪》，跑遍了北京所有的書店也未能如願。後來，他得知北京圖書館有這部書，就決定把書抄回來。時值冬日，他頂著狂風，冒著大雪，一連十八天都跑到圖書館抄書，一部十多萬字的書，終於被他抄錄到手。

數學家張廣厚，一次看到了一篇關於「虧值」的論文，覺得對自己的研究工作有用處，就一遍又一遍地反覆閱讀。這篇論文共二十多頁，他反反覆覆地念了半年多。因為他經常反覆翻看，潔白的書頁上留下一條明顯的黑印。他的妻子對他開玩笑說，這哪兒叫念書啊，簡直是吃書。

這些例子告訴我們，凡是有所作為的人都是善於總結或借鑑經驗，只有能夠及時而認真地總結自己工作、學習、生活中的各種經驗與教訓的人，才能少走彎路，盡快成功。

人的學識的成長依賴於實踐和學習，而經驗是學習的一個重要內容，只有借鑑各種經驗，才能快速成長。

## ★培養自己的逆向思維

逆向思維是一種求異思維，即打破人們思維定式而採取的反向思維方式。在日常生活中，我們需要用逆向思維走出思維定式的誤區，得出全新的思維方法，從而達到推陳出新、出奇制勝的效果。善於運用逆向思維的人，能夠不斷拓寬和啟發自己的思路，走出絆住自己思維的死角，最終豁然開朗。

有些時候，一些常規思維難以解決的問題，透過逆向思維卻可能輕鬆破解。

沙克是一個具有猶太血統的老人，退休後，在學校附近買了一間簡陋的房子。住下的前幾個星期還很安靜，不久有三名年輕人開始在附近踢垃圾桶鬧著玩。老人受不了這些噪音，出去跟年輕人談判。

「你們玩得真開心。」他說，「我喜歡看你們玩得這樣高興。如果你們每天都來踢垃圾桶，我將每天給你們每人一塊錢。」

三名年輕人很高興，更加賣力地表演「足下功夫」。不料三天後，老人憂愁地說：「通貨膨脹減少了我的收入，從明天起，只能給你們每人五角了。」

三名年輕人都顯得很不開心，但還是有一位接受了老人的條件。他每天繼續去踢垃圾桶。一週後，老人又對他說：「最近沒有收到養老金支票，對不起，每天只能給兩角了。」

「兩角？」這個年輕人臉色發青，「我們才不會為了區區兩角浪費寶貴的時間在這裡表演呢，不做了！」

從此以後，老人又過上了安靜的日子。

逆向思維還能讓我們發現暗藏的玄機。

有兩個人一起出差，其中一個人逛街時，看到大街上有一位老婦人在賣一隻黑色的鐵貓。這隻鐵貓的眼睛很漂亮，經仔細觀察，他發現鐵貓的眼睛是寶石做的。於是他不動聲色地對老婦人說：「能不能只賣一雙眼珠。」

老婦人起初不同意，但他願意付整只鐵貓的價格，老婦人便把貓的眼珠取出來賣給了他。

回到旅館，他欣喜若狂地對同伴說，我撿了一個大便宜，用了很少的錢買了兩顆寶石。同伴問了前因後果，問他那個賣鐵貓的老婦人還在不在？他說那個老婦人正等著有人買她的那只少了眼珠的鐵貓。

同伴便取了錢去尋找那個老婦人，不一會兒，他將鐵貓抱了回來。他分析這隻鐵貓肯定價值不菲，於是用錘子往鐵貓身上敲。鐵屑掉落後，他們發現鐵貓竟然是用黃金鑄成的。

那個買鐵貓寶石眼的人，採用的是常規的思維模式：鐵貓的寶石眼很值錢，就想辦法得到。但他的同伴卻透過逆向思維斷定：既然貓的眼睛是寶石做的，那麼它的身體肯定不會是鐵。在這種逆向思維的指引下，他的同伴透過鐵貓的表象，發現了底下的黃金。這就是逆向思維帶來的收穫。

生活中處處潛藏著看似不可能，而實際是可能的機遇，只要我們善於運用逆向思維，就能思考到別人忽視的一面，從而取得成功。有時，一些看似「山重水複疑無路」的境況，只要運用逆向思維稍稍把事情往前推一步，立刻就會在我們眼前展現出「柳暗花明又一村」的景象。

創新和成功需要逆向思維，我們要在平常的生活中注意培養和激發自己的逆向思維，培養自己追根究底的能力，盡可能地去發揮自己的想像力，開發自己的全部潛力，生活就會不斷地開拓創新。

## ★學會循序漸進

學習是一個漫長的過程，俗話說，活到老、學到老，就是說學習應該貫穿我們生命的始終。那麼，既然學習是一個漫長的旅程，我們就要放平心態，循序漸進地去學，盡量不要讓自己「消化不良」。

中國宋代的大學問家朱熹就十分推崇循序漸進。他提出，讀書要選定一個目標由淺入深，從最基本的書讀起，讀通一本再讀另一本，讀通一節再讀另一節，而不能不分主次先後，雜亂無章地亂讀。朱熹在《讀書法上》還寫道：「讀書之法，謂持初一書費十分工夫，後一書費六分，後則費四五分矣！此即所謂勢如破竹，數節之後，迎刃而解。」這是治學的規律。

剛開始讀書，由於自己的知識基礎薄弱，必須先打好基礎，就得實實在在，寧肯多花點時間、多使些力氣。基礎打穩了，蓋房子就快了。如果一味貪快，基礎不牢固，還要回頭修補，那就得不償失了。

究竟怎樣讀書呢？朱熹的方法是：「字求其訓，句索其旨，未得乎前，則不敢求其後，未通乎此則不敢志乎彼，如是循序漸進，則意志理明，而無疏易淩嗣之患矣。」也就是說，要一個字一個字地明白含義，一句話一句話地清楚它們的道理。前面還不懂，就不要急著看後面，這樣就不會有疏漏錯誤了。他還說：「學者觀書，病在只要向前，不肯退步，看愈抽前愈看得不分曉，不若退步，卻看得審。」就是說，讀書要扎扎實實，由淺入深，循序漸進，有時還要頻頻回顧，以暫時的退步求得扎實的學問。

數學家華羅庚就是這方面的楷模，為了提高讀書的效率，他先用慢慢打基礎，再逐步加快進度，因此收到了很好的效果。

華羅庚剛開始自學時很急躁，一味地加速，結果所學的知識一知半解。這個教訓使他領悟到：片面求快不符合讀書的辯證法。

後來，他就比在學校裡學得更慢，練習做更多，用五六年時間才學完了高中課程。看起來，高中課程學得比較慢，但因為學得扎實，所以後面能快速吸收大學課程。到清華大學沒多久，他就開始聽研究生課程，這就是循序漸進的好處。

我們的生活也一樣，也講究循序漸進。

一名電腦博士在美國找工作，他奔波多日卻一無所獲。萬般無奈，他來到一家就業服務處，沒出示任何學位證件，以最低的身分做了登記。

很快，他被一家公司錄用了，職位是打字員。不久，老闆發現這個年輕人的能力非一般打字員可比。此時，他亮出了學士證書，老闆換了相應的職位給他；又過了一段時間，老闆發覺這個年輕人能提出許多有獨特的見解，其本領遠比一般大學生高明。此時，他亮出了碩士證書，老闆立刻提拔了他；又過了半年，老闆發覺他能解決實際工作中遇到的所有技術難題。在老闆再三盤問下，他才承認自己是電腦博士，因為工作難找，就把博士學歷隱瞞了下來。第二天一上班，他還沒來得及出示博士證書，老闆就已宣布他任公司副總裁。

由此可見，循序漸進不僅僅是一種有效的學習方法，也是一種有用的生活智慧。

任憑時代怎麼發展，循序漸進都是在學習和生活中必須遵循的重要原則。只有遵循循序漸進的規律，才能找到適合自己認知發展的學習方法，提高學習的興趣和效率。循序漸進法體現了「序」和「進」的統一，即按照科學知識的邏輯體系和人的認識過程規律進行。

生活中，循序漸進表達的是一種迂迴的哲學，它告訴我們在沒有機遇時要善於儲蓄智慧，萬萬不可眼界高高在上。例中的這位博士就是遵循了循序漸進的人生哲學，該退時退，該進時進，在適當的時候做合適的事情，就是他成功的原因。假若我們做任何事都只憑一時的意氣，很有可能就會付出生命。

懂得循序漸進的人才具有長久的生命力，我們的學習和生活都應該如此，迂迴漸進是一種大境界、大智慧。

# 第三章　時間比金錢更有價值

## ★時間是最寶貴的財富

時間是一個人最寶貴的財富。「時間就是生命」、「時間就是效率」、「時間就是金錢」、「一寸光陰一寸金，寸金難買寸光陰」，諸如此類的大家耳熟能詳的諺語，無一不說明了時間的可貴。時間對每個人都很公平，一旦流逝就再也不會回來，浪費時間就是浪費生命，成功者就是能抓住時間、能充分利用時間的人。

時間的流逝無聲無息、令人猝不及防。所以，連孔子這樣的智者也感歎：逝者如斯夫，不捨晝夜。面對不以人的意志為轉移、源源不斷地流走的時間，不同的人就有不同的態度，一些人積極，一些人消極。

積極的人視時間為珍寶，能夠深刻體會到時間的珍貴美麗，充滿了豪邁氣概，想方設法在有限的時間裡，讓生命煥發出無限的活力，使生命隨著時間奔放；消極的人對時間流逝焦慮無奈，心中抑鬱惆悵，找不到生命存在的意義，於是得過且過，虛度一生。

一個人對待時間的方式，決定了他的命運。是手握失敗的種子，還是成功的無限潛能，在於我們自己的選擇——隨波逐流將一事無成，全力以赴便會前程錦繡，讓生命的每一個瞬間都迸發出精彩，要成功就要善待自己的時間！

著名的德國無機化學家、諾貝爾獎得主拜爾，在自傳裡曾提到自己小時候的一次難忘經歷：那是在他十歲生日的時候，前一天晚上，他躺在床上就高興地預想父母一定會送他一份大禮物，並為他熱熱鬧地慶祝一番，因為德國人對家人的生日十分重視。但是，那天早晨起床以後，父親還是老樣子，一吃完早飯就伏案苦讀，母親則帶著他到外婆家消磨了一整天。小拜爾就有些不高興了，細心的母親發現了，耐心地開導他：「在你出生的時候，你爸爸還是個粗人，所以現在要和你一樣努力讀書，參加明天的考試呢！媽媽不想因為慶祝你的生日，而耽誤爸爸的學習，爸爸在為我們將來的生活盡心盡力呢，你也要學會珍惜時間學習啊！」

這番教誨從此就成為拜爾的座右銘，他認為「十歲生日時，這是母親送給我一份最豐厚的生日禮物！」

對我們來說，時間是組成生命的核心元素，生活中一項不可替代的資產。這個社會紛繁複雜，並且講究時間、效率、節奏和速度。一個人要立足於社會，有所作為，就必須合理安排自己有限的時間，要抓緊一切時間學習與鍛鍊，利用每一分每一秒，使自己的生活過得充實而有意義。

法國著名科普作家凡爾納，每天早上五點鐘起床，一直伏案寫到晚上八點。在這十五個小時中，他只在吃飯時休息片刻。當妻子來送飯時，他揉揉酸脹的手，拿起刀叉，很快填飽肚子，抹抹嘴，又拿起了筆。他的妻子問：「你寫的書已不少了，為什麼還那麼趕？」凡爾納笑著說：「你記得莎士比亞的名言嗎？放棄時間的人，時間也放棄他。我哪能不趕呢？」

在凡爾納四十多年的寫作生涯中，他寫了萬本筆記，寫了一百零四部科幻小說，共有七八百萬字，這是一個多麼驚人的數字啊！一些感到驚異的人就悄悄地詢問凡爾納的妻子，想打聽凡爾納取得如此驚人成就的祕訣。凡爾納的妻子坦然地說：「祕密嘛，就是凡爾納從不放棄時間。」

時間的價值和作用不可忽視，時間需要管理和珍惜。每個人都應該是時間的主人，而不能淪為時間的奴隸。善於使用時間資源的人才會成功。

陶淵明說：「盛年不重來，一日難再晨。及時當勉勵，歲月不待人。」

岳飛在〈滿江紅〉中大聲疾呼：「莫等閒，白了少年頭，空悲切！」在人的一生中，時間最寶貴卻又最易流逝，我們要加強對時間的認知，讓時間成為成功的基石。

時間就是生命，成功從珍惜時間開始！我們每個人都應該珍惜時間，充分利用時間，實現自己的人生價值！

## ★讓每一秒都有效

在人生的旅途中，時間是有限的財富，因此，只有惜時如金，追尋真實的自我與人生，才能拓寬人生的長度，讓自己的人生達到一個期望的高度。我們要努力讓自己的每一秒鐘都有效，不浪費時間在那些無意義的事情上。

編劇家尼爾．賽門每次決定寫劇本前都會問自己：「假如我要寫這個劇本，在每一頁上都盡量保持故事的原則性，而且能將劇本和其中的角色發揮得淋漓盡致的話，那這個劇本會有多好呢？」答案有時候是：「還不錯，會是一個好劇本，但不值得花費一兩年的生命。」如果是這樣，尼爾．賽門就不會寫。

可是遺憾的是，大多數人從來沒有問過自己這樣的問題，或者是當事情已經進行了大半才開始問這樣的問題。這是很讓人惋惜的，因為你原本可以將時間花在更有意義的事情上。

時間專家尤金．葛里斯曼也犯過這樣的錯誤，慶幸的是，他及時意識到這個問題並馬上改正。

在尤金．葛里斯曼當上一所大學院校的系主任之後，一個全國性的科學機構邀請他在年度會議上發表論文。他以為這是有關政治方面的事，於是就答應了這個要求，並花了相當多的時間準備，但發表會的結果卻令人大失所望。出席會議的就是參與這個計畫的那些人，總共四位。經過這次教訓，當天他便下定決心絕不再輕易答應任何事情。不久之後，同一個機構又請他將當時發表的內容寫成一篇論文，刊登在他們沒有人看的期刊上，他立刻拒絕了。

因此，我們要管理好自己的時間，算好自己的「時間帳」，不浪費自己的每一秒鐘。

蘇聯生物學家柳比歇夫，從一九一六年元旦開始（時年二十六歲），便實行了一種「時間統計法」，即把自己每分鐘、每小時做了些什麼，時間是否用得恰當，都詳細地記載下來，然後像認真的商人核算金錢一樣核計自己的時間。一天一小結，每月一大結，年終一總結，直到一九七二年逝世為止。五十六年如一日，從來沒有間斷過。由於他一生善於管理和利用時間，發表了學術著作七十餘部，內容涉及昆蟲學、科學史、農業遺傳學、植物保護、演化論、哲學等。在緊張的科學研究中，他每天還能保證十小時左右的睡眠時間，並經常參加娛樂活動、體育鍛鍊，從事社會工作。這位經常算「時間帳」的「專家」，將有限的人生經營到了極致，創造了非凡的業績，堪稱利用時間的典範。

然而，很多人不善於算這筆「時間帳」，浪費了大量寶貴的時間。有些人上班就是一杯茶、一包煙、一張報紙看半天；有些人是上網聊天、打遊戲，在網路上浪費大量的時間；有些人放下學習，卻對電視節目欲罷不能，白白讓時光溜走，還有些人熱衷毫無必要的吃喝應酬、毫無意義的爭論不休，還有拖拉怠惰等，這都是我們運用時間的敗筆。

下面有四個很好的理由，說明絕對不要做不值得的事。

（1）不值得做的事會讓你誤以為自己完成了某些事情。

就像將沒人聽過或讀過的論文列在履歷表上一樣，你只是對白費力氣沾沾自喜罷了。

（2）不值得做的事會消耗時間與精力。

因為用在一項活動上的資源不能再用在其他的活動上，不值得做的事所用的每一項資源都可以被用在其他有用的事情上。

（3）不值得做的事會浪費自己的生命。

社會學家韋伯說：一項活動的單純規律性會逐漸演變為必然性。一段時間之後，人們會說：「我們不應該讓它消失，我們已經做這麼久了。」許多機構、刊物或活動根本就不需要存在，持續存在的原因只是大家已經習慣，有了認同感，如果讓他們消失的話，就會有罪惡感。

（4）不值得做的事會生生不息。

做了不值得做的事之後，就需要建立一個委員會來監督，最後，還需要委員會、管理員、手冊，甚至每年開設訓練營學習如何將不值得做的事做得更好。

因此，在我們做每件事之前，都要先運用尼爾．賽門的試紙測驗，問問自己：「如果我將這個構想的潛能發展到極限，是不是真的值得呢？」答案如果是「不」的話，千萬別去做。

## ★獨立行事，不怕孤獨

我們做任何事，都需要獨立，需要有效率。獨立的人能在最短的時間內完成自己想做的事，他們總能在完成任務之後，還能擠出坑的時間。而凡事喜歡依賴別人的人，在同樣的時間內，能完成的事相對就少了很多。從某種程度上來說，一個人找時間去玩的能力，和他的獨立能力成正比。

一個什麼事情都要有人做伴、害怕孤獨的人，就不能順暢地管理和安排自己的時間，於是在猶豫中浪費時間。

有這樣一個人，有錢有閒，但他常常疑惑：「時間好像很多，但完成的事情好像不多。」

其實，從他的各種習慣來看，問題就在於他太害怕孤獨了。

他開車或走路的時候，一定要找人聊天，要不，那一段空白就會變成難以忍耐的寂寞。有一次，他在開車時有個朋友有事打電話找他，本來只想問一件事情，聊了兩分鐘，事情就說完了。當朋友跟他說再見時，他忽然對他朋友說：「我們再聊聊嘛。」這一聊就是一個小時，聊天內容包羅萬象，從心理測驗、減肥美食到國家大事，直到後來他說：「謝謝你，我終於開到我家了。」

這是他的習慣，只要覺得孤獨，一定要找人聊天，一聊就無法控制。

不過，後來朋友們都很害怕，在很忙的時候，一看到來電顯示是他，就都不敢接電話。

可見，如果你做什麼一定要有人陪，那麼，同一時間內你可以完成的事一定不多。做什麼都要有人陪，你做一件事的時間，常比可以獨立行動的人多兩三倍。甚至，你會因為害怕而放棄很多人生樂趣。

獨立，可以使一個人完成更多想要完成的事情。很多時候，有些事我們能夠獨立完成，不只是大事。獨立，就是自己去面對風吹雨打和各種困難。一個人如果沒有獨立處事的能力，凡事都要依靠他人，那麼這個人就註定是一個失敗者。

如果你對自己的時間無所謂，有足夠的耐心等待，那麼就可以盡情享受與其他人一起的樂趣；如果你做什麼事都俐落，與其發牢騷怪罪別人「都是他妨礙了我的人生」，不如自己去獨立完成某些事情。

「無所待」是一種「不依賴」的智慧，這是莊子哲學的主要概念之一。

莊子認為，逍遙的本質，就是「無所待」，只有不依賴和不等待任何人，人生才能自在。

有些事需要在團隊的合作下才能做成做好，有些事自己做會更方便和快捷。

一名睿智的人，能夠判斷什麼事最好自己做，什麼事適合一起來做，這樣，你的生活將遊刃有餘，充滿效率。

## ★掌握時間的節奏

時間對每個人來說都是一種財富，時間就是效率，就是財富，所以，把握好時間的節奏也是一件不可小覷的事。

曾經引起微軟和 Google 兩大公司爭訟的傑出人才李開復博士，在他的勵志書《做最好的自己》中，曾寫到一則讓他很羞愧的往事。

他念大學時，該大學法學院院長想要為該院的成績查詢系統設計一套新軟體，以和舊系統接軌。本來想要委託校外的軟體設計公司執行，但聽說他是個程式設計高手，就聘請他當工讀生，付他相當高的暑假兼職費。

李開復很開心，心想這樣簡單的要求，根本難不倒他，滿口答應：

「我八月初就可以大致弄好，開始運行，到九月開學時，一定可以正式運行。」

由於他認為此事難不倒他，於是並沒有馬上開始設計工作，一放假先和同學打了三個星期的橋牌；

開始工作後才發現，事情沒有他想得那麼簡單，有許多煩瑣的東西要處理。院長問他做到哪裡了，他改口說：「八月底可以大致弄好，應該不妨礙開學以後系統的運作吧。」

院長發現他前期進度很緩慢，大為惱火，說自己根本不該把這麼重要的事交給一個學生，馬上叫他停手，請校外的公司接手。

他很有良心，馬上低頭認錯，並且把已經收到的費用還給院長；但院長並沒有索回，只是告誡他，希望他從此事中得到教訓。

這件事情對於李開復來說，應該是人生中的一大挫折，也正因為他得到了教訓，所以他才能夠成為一個既踏實又敬業的成功者。

這就說明了掌控時間節奏的重要性，有工作經驗的人都明白這樣一個道理：如果你外接一個案子，一開始進度就慢了下來，客戶會對你產生不信任，擔心自己是否會被辜負。假如你能夠主動跟他報告進度，他就會對你另眼相看；而如果等到他開始催你的那一天，就宣告了你們之間的合作出現信任危機，對方或許已經在心裡對你的信任大打折扣了。

以李開復為例，假如他當年每天白天工作六小時，再開心去打橋牌，他就會在工作後得到獎勵，也不會在打橋牌時覺得心虛，會是一個雙贏的結局。

掌控時間進度很重要，有時要懂得分割大工作，下面我們來看看「披薩切開法」。

一個大披薩，看起來很大，但只要將它一片一片分割，我們總能慢慢地、不費力地吃完。如果你需要複習的科目很多，適當地安排好時間可以讓你學起來更加輕鬆：每天念十頁文學史；兩天念一章文字學；五天念一章代數；每天早上念幾篇英文；每天讀幾首古詩這樣，就算有再多的功課，你也能遊刃有餘地學習，並且能夠取到更好的學習效果。

這樣的方法非常有效。等到臨時抱佛腳，內心就會有一種壓力，學習或工作的效果也就大打折扣了。面對任何事，最明智的做法是提早完成該做的部分，將事情切割，再慢慢把它從容地「吃掉」。

時間就是財富，對於自己需要做的事，什麼時候應該進行到何種程度，我們要心中有數，這樣才能保證在規定的時間內圓滿地完成任務。

## ★時間管理有講究

時間是個人的財富，我們有權在自己有限的時間裡，選擇自己想做的並喜歡做的事。當然，每個人的性格、愛好不同，選擇的內容也各有差異。

有位作者曾為某個知名的報紙寫每日專欄，一寫就是四年。有一位讀者是銀行職員，某一天這位作者到銀行匯款時，這位銀行職員問他：

「你這樣每天都要寫，不是很痛苦嗎？對我來說，要我寫兩行字，我就頭痛萬分了。」

其實，這位作者自己並沒覺得如此，對他來說寫作是一件有趣的事，寫作對他來說，從來沒有和「痛苦」有關係。

由於個性與喜好不同，每個人適合做的工作都不一樣。如果讓這位作者去當銀行職員，他可能會很痛苦，他沒有辦法很精確地數鈔票，多填一個零也可能毫無察覺，他的客戶也會很辛苦，而他的主管可能會抓狂。

有一句可愛的名言叫做：「不要教豬唱歌，你會很痛苦，而豬也會很不高興。」一個人要是做自己不擅長的工作，一定會變成一隻痛苦而且抓狂的豬，時間管理也一樣。

因此，每個人要根據自己的情況掌控時間，不能受控於他人。

在討論兒子的未來時，瑞德太太堅持認為兒子，應該在高中畢業後去父母的母校讀大學；可她的兒子傑克對此卻有著其他的想法。他已經厭倦了學校的生活，而且對正規教育的功用產生懷疑。在他看來，度過今後兩年時間的最佳方式就是旅行。

到底怎樣利用傑克的時間才最好呢？雖然瑞德太太和傑克都有著強烈的主張，可這個問題的答案事實上並不清晰。

誰是最終的決定者呢？是傑克。瑞德太太可以說自己有權做決定，可問題是，即便傑克最後去上了大學（比如說為了讓父母高興），那也是出於他自己的決定。

當然，我們有掌控自己時間的權利，有選擇的自由，但要注意的是，我們還要合理安排自己的時間，管理好自己的時間。

美國富蘭克林時間規劃公司的創辦人海倫姆·W·史密斯在其大作《打開成功的心門》一書中提出十大自然法則：

（1）掌握生活大小事——透過掌握時間來掌握生活。

（2）確立核心價值——核心價值是自我實現和個人成就的基礎。

（3）排定優先順序——當日常生活反映了你的核心價值，你就能體驗內心的平靜。

（4）設定明確可行的目標——為達成重要目標，必須遠離舒適圈。

（5）規劃每日工作——每日規劃做得好，時間寬裕效率高。
（6）檢視行為與信仰一致——行為是真實信念的反射。
（7）改變行為以符合要求——當信念與事實相符時，需求就自然得到滿足。
（8）重新開信仰之窗——改變錯誤想法，克服負面行為。
（9）以個人價值為依據——自尊必須發自內心。
（10）在奉獻中成就自我——付出愈多，收穫愈大。

一個人是否每天都有明確的目標，是否每天都有合理的時間安排，是不是亂七八糟、混亂不堪地生活，這對於他離成功的遠近無疑有著重要的影響。隨著時代發展，在大都市生活的人們，形色愈是匆促，日子過得愈是緊張。每個人的時間就像高速公路上面癱瘓的交通一樣，被應該做和不得不做的瑣事塞得滿滿，真正想做的事卻又找不出時間，「忙、盲、茫」是他們生活的真實寫照。只有保持良好的生活習慣，有明確的時間管理觀念，才能夠在匆忙的生活節奏中尋找到一絲安逸的步伐。

你有權處理自己的時間，也有責任拒絕一些你不想做的事。

## ★做個守時的人

時間很珍貴，所以我們要尊重自己和他人的時間，而守時就是這種尊重最好的體現。

你身邊或許有這樣的朋友或同學：你跟他約定時，他滿口答應；可是，事到臨頭，不是電話關機，就是忽然才打電話來說：「啊，不好意思，我現在剛好有個重要會議，沒辦法去。」那麼下次，你可能就不會再約他，因為誰都不喜歡自己被放鴿子。

美國第一任總統華盛頓任職期間，常在下午四點在白宮宴請國會議員，計議國事。只要規定時間一到，他不管人是否到齊，便按時開宴，哪怕只有他一個人，往往弄得遲到者十分尷尬，而華盛頓卻毫不客氣地說：「我的廚師只問預約的時間到了沒有。」

拿破崙也是一位時間觀念很強的人。有一次他請手下的幾位將軍用餐，時間到了，那幾位將軍還未到，拿破崙便一個人大吃起來，等那些人來到時，他已吃完了。他對他們說：「諸位，聚餐時間過了，現在開始議事吧。」那些人非常窘迫，以後再也不敢遲到了。

馮玉祥將軍對不遵守時間的人深惡痛絕。一九二七年，馮玉祥北伐至河南鄭州，對國民政府機關團體會風不正、疲遝散漫、不守時的作風極為不滿。就連國民政府要員汪精衛也不遵守會議時間，往往缺席或遲到。馮玉祥一氣之下，寫了一副對聯，讓人送給汪精衛。聯文曰：「一桌子點心，半桌子水果，哪知民間疾苦；兩點鐘開會，四點鐘到齊，豈是革命精神。」

日本前首相田中角榮年輕時，一次與戀人幽會，可是過了約定的時間戀人尚未到，田中角榮焦急地想，再等三十分鐘吧；三十分鐘到了，田中角榮剛想離去，卻發現女子來了。田中角榮下意識地看看手錶，已經三十一分鐘了，不等戀人走近，田中角榮轉身進汽車走掉了，戀愛自然告吹，但是田中角榮並不惋惜，他愛的是遵守時間的人。

守時並不是說一定要分秒不差，那就是苛求了。但有一個基本的原則，就是不能距約定的時間太遠，不能讓別人等的時間太長。不守時是一種惡性循環，經常不守時的人，會逐漸失去大家的信任，漸漸失去身邊的朋友，最終也做不成大事。

每個人都要重視自己的承諾，重視承諾的人才是一個可信的人，才能獲得好人緣。守時是一種美德。記得莎士比亞有一句戲詞：「赴情人約，永遠是早到。」情人一心一意地在對方身上，不肯有分秒的延誤，同時又怕對方忍受枯守之苦，所以早早就去等著，這是一種對對方的尊重。懂得珍惜時間的人，不僅不願意浪費自己的時間，也能要求自己不白白浪費別人的時間。一個遵時、守時的人，能讓自己在做任何事情的時候都能夠輕鬆應對、遊刃有餘。這樣的人必將獲得別人的尊重。所以，我們都要在平時的生活中嚴格要求自己，做一個守時的人。

## ★做個統籌安排時間的高手

時間就是生命，就是無價之寶。對我們大多數人來說，在大多數情況下，時間一分鐘一分鐘地浪費掉的，而不是整個鐘頭整個鐘頭浪費。而這些流失的時間，正是我們人生的一種寶貴財富。

培根曾經說過：合理安排時間，就等於節約時間。合理安排時間，就要求我們學會統籌時間，發揮時間最大的功效。統籌時間講究時間利用的科學性、規律性與系統性，即要求我們有計劃、有步驟地全面安排，努力提高利用時間的效益。

法國哲學家布萊茲．帕斯卡說：「把什麼放在第一位，這是人們最難了解的。」這確實是很多人的問題，他們完全不知道怎樣將人生的任務區分輕重緩急。

有一個人，他負責向某地區批發某種型號的汽車。他每週花大量時間走訪他現在還沒有業務往來的汽車行新任經理。他的目標是與這些人拉攏關係，了解他們的需求，向他們推銷汽車。

第一次，拜訪一名汽車行經理時，他往往把時間全花在閒聊與生意無關的事情上，他把精力用於了解對方，或談他的業餘興趣，例如他們可能談高爾夫球。如果他能建立起實用的關係，這次拜訪便意味著在未來的一年中有許多筆買賣，他本人的收入也會大增。這樣的話，這次拜訪就沒有白費。

相反，如果他的鄰居——一名討厭高爾夫球的人，也去跟同一位經理談高爾夫球，這對他會是一種折磨。這既不能使他的業務有什麼發展，也不能調動他的興趣。

這個例子就很明確地告訴我們，在處理日常事務時，完全不考慮完成某個任務對於自己的價值，只是為了完成而去完成，對他們來說，每個任務都是一樣，只要時間被工作填得滿滿的，他們就會很高興；或者，他們只做表面看起來有趣的事情，而不願意做不實際也不那麼有趣的事情。

人們盡可以按照自己的意願安排生活，過安逸的日子；但是一個成功的人，是不會採用這種方法對待時間，他們會統籌時間。很多人的成就，是在別人浪費掉的時間裡取得。成功人士意識到時間的寶貴，他們將時間作為有價事物看待，使時間為其服務，做時間的主人，而不是奴隸。要取得人生的成功，可以有效利用的時間其實很少。按一般的計算方法，一個人如果活到七十二歲，那麼睡覺二十一年，工作十四年，個人衛生七年，吃飯六年，旅行六年，排隊五年，學習四年，開會三年，打電話兩年，找東西一年，其他三年。這樣算下來，工作時間不到人生的五分之一。因此，要在有限的時間內做出一番成就，就要養成統籌規劃和有條理的工作習慣，讓自己遊刃有餘地把握時間。

如何統籌地運用時間，需要注意以下幾個問題。

第一，克服懶惰。懶惰的人最容易浪費時間，很難使自己的每一天都朝著正確的方向前進。養成懶惰這種消極的習慣，就會對自己鬆懈，停下向前行的腳步。克服懶惰，你就能對自己應做什麼，什麼時候去做有一個清晰的認識。

第二，要分輕重緩急。這個前提是知道自己需要做什麼，明白哪些任務自己必須完成。對於自己必須完成的任務，就一定要優先考慮和解決。

第三，優先做高回報的事。人們應該將時間和精力集中在能給自己最高回報的事情上，即他們能比別人更出色完成的事情上。帕累托有一個著名的八二定律：人們應該用 80 %的時間做能帶來最高回報的事情，而用 20 %的時間做其他事情，這樣使用時間最有策略眼光。

第四，找出能給自己最大滿足感的事。並非能帶來最高回報的事情就能給自己最大的滿足感。無論你有多忙，你都需要把部分時間用於做能帶給你滿足感和快樂的事情，這樣能使你保持熱情飽滿的情緒，讓自己的生活更有趣。

做到這些，你就能在最短的時間裡做最有效率的事。

## ★正確的時間做正確的事情

每個人都有自己獨特的人體「生理節律」，即俗稱的生理時鐘。「生理時鐘」使我們的身體維持一個基本的運作規律，何時吃飯、睡覺、醒來；何時進行身體其他機能。掌握自己的生理時鐘，能有效提高我們的時間效率。據美國《預防》雜誌報導，人類的大腦也有自己的工作節奏，利用好這一節奏會讓你更健康、更有活力。

我們或許都有過這樣的體驗：有時候做事效率特別高，有時候卻做什麼都無法進入狀態，這就是生理時鐘在發揮作用。很多研究報告也指出，按照人的心理、智力和體力活動的生物節律，來安排一天、一週、一月、一年的作息，不僅能提高工作效率和學業成績，還能減輕疲勞。

在每天各個時段，我們的大腦有時處於高速運轉狀態，有時處在低迷、靈活性稍差的狀態。因此，聰明的人能掌握自己的生理時鐘規律，在高效的時段做最重要的事。當你了解了自身的生理時鐘，依照自己的「生理節律」工作、學習，就會收到事半功倍的效果。

每個人在一天當中都有一個所謂高效時段的最佳時間。大多數人早上最為清醒，也有些人下午的狀態最好，最明智的做法是把那些具有挑戰性的工作，分配到自己最能勝任的時間裡完成。

有些人仍然信奉十八世紀一位思想家馬修斯．亨利的話：「成大事者必起大早。」

迪士尼的老總勞勃．艾格，每天4：45起床，到健身房鍛鍊，6：00進入辦公室閱讀各種資料，直到7：00舉行一天當中的第一次會議。「我想人們都會有自己的生理節奏，」他說，「不過對我來說，早晨是巔峰時刻，那時候比較心平氣和。」

霍華德．魯賓斯坦每天早上4：30之前就會到書房快速瀏覽電視新聞，然後就開始處理帶回家中的檔案，確定要回覆的電話，簽署支票，確定當天的日程。這樣暫告一段落之後，他會舒展身體，然後去跑步。

很多人不願意早起，對他們來說早上5：00起床是一件不可思議的事。但其實可以逐漸比平時提前半個小時起床，然後再提前一個小時。慢慢地，你就會發現其實少一些睡眠時間也沒那麼可怕，而由此得到的好處，如完成更多工作，全天的生活、工作節奏都可以更舒緩等，卻能對我們產生持久的影響。

所以，我們要留心和摸索自己的生理時鐘規律，建立自己的生理時鐘檔案，制定符合自己生理時鐘規律的學習、工作和生活日程表，讓自己在最有效的時間做最正確的事。

睿智的人自己掌控時間，主宰著自我，在有限的時間裡實現自我的人生價值。我們不能成為愚鈍的人，白白浪費大好的時光，要充分利用業餘時間，為自己的人生增添亮色。

## ★充分利用業餘時間

科學大師愛因斯坦說過這樣一句話：「人的差異在於業餘時間。」人與人之間之所以有差異，除了環境、機緣、能力、性格等因素外，還有一個重要的方面在於對業餘時間的利用。

臺灣商界奇才陳茂榜十五歲時，由於要負擔家計，被迫輟學到當時臺灣第二大書店——「文明堂」當店員，他每天從早到晚要工作十二個小時。

他白天在書店工作，晚上住在店裡，所以每天晚上九點打烊後，書店就變成了他的私人書房，或坐或臥，任他遨遊。他把讀書當成了嗜好與享受，依照自己的興趣，先從小說、傳記等通俗讀物開始。日子一久，他漸漸養成了每晚必須讀兩小時書的習慣。久而久之，通俗讀物逐漸不能滿足他的閱讀需求了，他開始涉獵經濟與管理等專業性較強的書籍。他在「文明堂」工作了八年，也讀了八年的書。他說：「初進『文明堂』時，我只有小學的程度；八年離開時，我的知識水準已經不亞於大學生了。」八年的自修為他奠定了日後成功經營企業的重要基石。在世界各地演講時，陳茂榜總不忘記對聽眾說：「記住這樣一句話：一個人的命運，決定於晚上八點到十點之間。」

每個人的時間都很有限，如何使用自己的業餘時間大有講究。當你將大部分的業餘時間用來打牌、跳舞、聊天、看電視時，你的所得也就隨之減少，達不到最大化；當你將業餘時間都用來努力給自己充電時，你的個人價值就可以最大化。一個人的生活方式決定了他的成就。

海爾集團掌門人張瑞敏每天的工作時間都在十二小時以上，但他每天都抽出時間來閱讀，絕不放棄任何一個可以用來閱讀的機會，所有閒置時間都用在閱讀上，每次到機場候機，他的第一件事就是在候機室書店買最新的管理書籍，然後找個安靜的角落暢遊其中。

曾被美國《時代雜誌》評為全球「數位英雄」的搜狐總裁張朝陽說：「我就是個平凡人，我沒發現自己與別人有什麼不同。如果說有不同，那就是我每天除了七個小時睡覺外，其餘時間都在思考或工作。」

加拿大臨床醫學家、醫學教育家和醫學活動家威廉・奧斯勒，就是利用業餘時間做出成就的典範。威廉・奧斯勒對人類最大的貢獻，就是成功地研究了第三種血球（現稱血小板）。為了從繁忙的工作中擠出時間讀書，威廉・奧斯勒訂了一個制度：每晚睡覺前必須讀十五分鐘的書。

不管忙碌到多晚，就是清晨兩三點鐘，他也一定要讀十五分鐘書再睡覺。

這個習慣他堅持了整整五十年，他一共讀了一千零九十八本書。

這些都充分說明，善於使用業餘時間的人，能夠在人群中脫穎而出，能夠實現自己最大的價值。如果你想與眾不同或有一番作為，那就珍惜和利用自己的業餘時間吧。

# 第三章　時間比金錢更有價值
## 充分利用業餘時間

# 第四章　逆境也是一種福氣

## ★享受孤獨，成就自我

孟子曰：「天將降大任於斯人也，必先苦其心志，勞其筋骨，餓其體膚，空乏其身，行拂亂其所為，所以動心忍性，增益其所不能。」一個人只有在困苦和孤獨中，經過長時間的磨練，才能堅強成熟，有更頑強的生命力。如果再次面對孤獨和困苦，甚至死神時，基本也不會有多大的恐懼，而會應付得很輕鬆。

雖然說很多人無法忍受痛苦，但更多的人無法忍受孤獨。很多人不是栽在不能承受困苦上，而是栽倒在寂寞和孤獨上。而能夠把寂寞和孤獨當成一種享受的人就更少了。能夠做到這些，不是人中豪傑就是道中、佛門高人。但每一個成功的人的背後，都是跟孤獨做伴。很多時候，我們只看到別人的光環，卻看不到別人的努力。畢竟，凡事有得必有失，任何事情都要付出代價，天下沒有白吃的午餐。

有位哲人曾經說過：「孤獨永遠是智慧路上的最佳保姆。」享受孤獨，利用孤獨，便是成功的開始，Kobe Bryant 就是最好的例子。

Kobe Bryant 是 NBA 球員中最接近喬丹的一名球員，從某些方面來說，他甚至超越了喬丹，曾被美國總統歐巴馬譽為「籃壇第一人」D，也是 NBA 歷史上最年輕的先發球員，最年輕的一萬分先生，八十一分的歷史第二高單場得分記錄，連續十三場得分三十五分以上，連續九場得分四十分以上，連續四場得分五十分以上，三枚總冠軍戒指，身負無數榮譽的他，卻是最孤獨的人。

Kobe 的父親曾是 NBA 最底層的球員，常常是用來平衡交易的砝碼。

少時的 Kobe，已經習慣跟隨家人不斷地遷徙他方。由於居住環境不穩定，他沒有固定的朋友。在義大利，這個少有美國人的國度，度過了他的童年。即使在六歲時，他的義大利語已聽不出美國腔，但這並沒有給他帶來多少異邦的朋友，他的朋友仍只有一個——籃球。少時的他已經與籃球結下了不解之緣，他每天反覆看著祖母從美國寄來的喬丹錄影帶，在父親職業球員的教導下，開始接受正規的籃球訓練，並由衷地喜歡與父親玩一對一。十四歲，他完成了人生中的第一次扣籃，並且打敗了父親。

一九九一年，十四歲的 Kobe 隨著家人重新回到美國費城。父親在義大利奮鬥所攢下的積蓄已足以讓一家人過上寬裕的生活，於是，Kobe 在當地的貴族學校——洛馬里昂高中開始了他的高中生活。這所貴族學校並沒有多少黑人，說話帶著義大利腔調的 Kobe 更是遭到了同學的蔑視，在學校，Kobe 選擇了沉默。他加入了學校的籃球隊，在籃球場上獨來獨往的作風讓他備受隊友的指責，然而他堅信，他會用行動證明一切。每年暑假，當同學們在家裡打遊戲機、看電視、在游泳池裡嬉戲時，Kobe 已經開始了他每天十二小時的籃球訓練。當時他的父親是一所大學的助理教練，那裡的籃球館為他提供了便利。每天早上騎一小時的腳踏車到達籃球館，從早上九點練到晚上九點，是他每年暑假一成不變的生活。於是，他為洛馬里昂高中奪得五十三年來的首次州聯賽冠軍。而他在高中聯賽的總得分兩千八百八十三分，也超越了籃球皇帝張伯倫四十年前所創下的兩千三百五十九分的紀錄。

十七歲的 Kobe 並沒有選擇上大學，而是把自己的才華帶到了 NBA，成為了 NBA 為數不多的高中生。初到 NBA 的日子，他備受孤獨的煎熬，當他與歐尼爾聯手為湖人拿下第一枚 NBA 冠軍戒指時，他與歐尼爾的矛盾也逐漸激化。隊中的老大歐尼爾不甘心自己僅得到為數不多的出手機會，Kobe 的不傳球，是他憤怒的唯一原因。隊中的主教練菲爾．傑克森也用盡一切辦法想讓 Kobe 屈服，他甚至暗中幫助歐尼爾在隊裡孤立 Kobe。於是更衣室的嬉戲打鬧，Kobe 只能默默地看著而不能參與其中。然而這些卻讓

Kobe 迎來了每年夏天必需的自虐式訓練——每天一千次瘋狂投籃訓練，與自己的影子一對一練進攻、練防守。他始終堅持著一條規則，如果無法正常交流，那就用自己的行動來征服。然而他只能靠自己，因為當時隊裡除了馬龍、喬治、費雪，不會有任何人傳球給他。在人生的幾個重要階段裡，Kobe 總是孤獨的。也許你會說這些養成了 Kobe 孤傲、偏執的性格，但是，這些不也成就了 Kobe 嗎？若 Kobe 從小不缺少朋友，從不孤獨，他還會堅持每個暑假裡每天十二小時的訓練嗎？他還會在每個賽季過後的夏天，自虐式地一千次投籃嗎？他還會把籃球視為生命嗎？這一切，將會變成未知——也許，他會；也許，他不會。

赫胥黎說：「越偉大、越有獨創精神的人越喜歡孤獨。」沒錯，當居禮夫人不願在家裡多放一把椅子時，她接受了孤獨；當愛因斯坦在某一次聚會時對朋友說「我甘願回去做一頭啃草的牛」時，他選擇的孤獨。他們都是人類史上的偉大科學家。歌德說：「人可以在社會中學習，然而，靈感卻只有在孤獨的時候才會湧現。」南森說過：「人生的第一件大事是發現自己，因此人們需要不時的孤獨和沉思。」

「孤獨」一詞在詞典的解釋為「獨自一人」。獨自一人，我們能更冷靜地思考，自己究竟想要什麼；獨自一人，我們能擁有更多的時間獲取自由，做自己想做的事，宣洩心中的不滿；獨自一人，我們更能正視自己的不足，發現自己的優點；獨自一人，能使自己擺脫依賴，走向成熟的享受。

所以，一個人如果想知道能否成功，首先要問自己能否承受得起孤獨和寂寞。你能否在孤獨和寂寞時不尋找別人發洩，而能夠在孤獨和寂寞的環境中充實和愉快地度過？因此，獨自品嘗孤獨和寂寞，可以讓自己更成熟、更進步。

## ★勇敢面對挫折

生活的路，總會有些坎坷和磨難，這些我們都逃離不掉。雖然我們會因此經歷很多痛苦，但也正是因為這些痛苦，才使我們不斷成熟和長大。

人生中，苦與樂是我們每個人都要經歷的情感，挫折也是生活中不可或缺的一種調味料。人非聖賢，總會有犯錯、失誤的時候，當我們遭遇失敗時，不要驚慌、不要頹廢沮喪，聰明的人都是善於利用失敗的人。有位偉人說過，錯誤和挫折使我們變得聰明。失敗不是人生的句號，挫折是人生最大的財富。成功往往青睞失敗過的人，不斷從失敗中走出來的人，要比從成功中走出來的人更輝煌。

有家企業應徵文職人員，應徵過程十分簡單，就是讓每位應徵者講一則生活、工作中失敗的故事。應徵者當中不乏博士、碩士，但他們最後都一個個被一位高職生擊敗。

這位高職生講了這樣一則故事：她高職畢業後來到臺北，應徵一家公司的祕書。公司很大，員工也很多，每月中旬，老闆都要例行向員工演講。有一次，先她而來的老祕書出差了，講稿自然由她來寫。寫好之後，老闆忙於事務沒有看稿，時間到了便匆匆講了，結果讀錯了幾個字，引起哄堂大笑。老闆很生氣，便將她辭退了。

這確實是一個失敗的故事。眾多應徵者往往講到這裡就結束了自己的故事。而這位高職生卻繼續講道，她雖然被辭掉，但沒有立即離開，她想，為什麼老闆會念錯字，經打聽才知道，老闆只有小學畢業。為此她自責，要是在那些難認的字旁注上同音字就好了。

「這不是你的錯。」有人同情她說。

「不是我的錯，但至少說明我不是一個合格的祕書。因為祕書的基本條件就是了解老闆，我對他了解不夠，就是我的錯。」高職生說。

「那是你應徵的時間太短。」又有人為她辯解。

「這不是時間長短的問題，而是我的工作主動性不夠。」她搖搖頭說。

講到這裡，總經理打斷了她的話，宣布她已經被錄取了。

也許，從我們啼哭著來到這個世界開始，就註定要經受淚水與艱辛；但是，當我們跨過這些艱難時，就能獲得重生，能讓自己的生命更有質感。其實，大多數人的命運都是充滿坎坷，經歷痛苦與磨難的，而每個人最後的結果卻大有不同，這是因為每個人承擔磨難的心境不同。

唯有經過磨練的生命，才能累積出堅強的生命力，也唯有歷經風風雨雨的人，才知道生命的難得與珍貴。

日本喜劇泰斗、著名作家昭廣的成長故事，一直是日本父母教育孩子的樣本。在日本戰後那段物質極度匱乏的日子裡，昭廣的外婆用信念和智慧精心料理自己的生活，雖然身處困境，卻依然用滿腔的熱情去搜尋快樂和幸福，用真心去展露笑容。她不僅用自己勤勞的雙手把生活打理得溫暖而明亮，而且教會了外孫如何在困境中發現幸福和快樂，如何在挫折中保持堅強。

二戰結束以後，因為生活的變故，年僅八歲的昭廣被寄養在鄉下的外婆家裡。外婆家十分貧窮，昭廣喜歡運動，外婆沒有能力為他購買體育用品，就建議昭廣練習跑步，因為跑步是不用花錢的，昭廣後來竟然成了運動會的賽跑明星。

為了維持家計，外婆就在家門外的小河裡橫著放了一根木頭，用以攔截上游漂浮過來的各種物品：

穿破的衣物、不夠新鮮的蔬菜、畸形的水果、樹枝等。外婆說這是她家的超市。每當上游漂下來很多東西的時候，看著這些「戰利品」，昭廣和外婆都會為這意外的收穫而歡呼雀躍。樹枝晾乾就可以生火，長得不規則的蘿蔔切成小塊兒以後味道與好的蘿蔔一樣，畸形的黃瓜切成絲以後味道與好黃瓜也沒有兩樣。有時候什麼也沒有攔到，外婆會自言自語地說：「今天超市休息嗎？」

有一件事情昭廣一直很奇怪。外婆每天從外面回來的時候，腰上都繫著一根長長的繩子，繩子後面拴著一塊什麼東西，每走一步就發出嘎啦嘎啦的聲響。他奇怪地問外婆：「為什麼故意拴一個東西影響自己走路呢？」

外婆笑著告訴他，那是一塊磁鐵：「光是走路什麼事情也不做，多可惜，帶著這塊磁鐵，你看，可以帶回很多東西，可以賣不少錢呢。不撿起這些廢棄的東西，老天是要懲罰的。」他看到外婆拿起磁鐵，上面吸滿了螺絲、釘子、鐵條等，將它們放進一個鐵桶裡——裡面已經有不少類似的東西了。

昭廣小學時的成績一直不好，每門功課總是考一分、兩分、三分。每當昭廣把成績單拿回家的時候，外婆看著成績單就會說：「不錯，加在一起不就是五分多了嗎？人生就是總合力。」昭廣與外婆一起生活了八年，在開朗、樂觀的外婆的影響下，昭廣學會了一個樸素而真摯的生活哲理：

一個人微笑著面對艱苦和挫折，才能收穫成功的生活。

在人生的道路上，痛苦和挫折無法避免，勇敢地去面對它，把它當作自己前進的動力，人生就會遠離黯淡、走向輝煌。也許，人生的坎坷挫折遠非我們想像到的，人生是一場漫長戰役，當你在困境中仍然能夠昂首挺胸，就是一件值得喝彩的事。當痛苦挫折來臨時，不要逃避，勇敢地去面對吧！

## ★不要把困難放大

生活中的確存在很多困難，但就是那些喜怒哀樂都糅合在一起，才能奏出人生的交響曲。然而，我們的心容量是有限的，把痛苦放大，快樂就減少了；把困難放大了，凡事就會縮手縮腳。面對生活中的困難和坎坷，但凡我們增添一份自信、減少一份怯懦，困難就不會像想像中的那麼大，因為再大的困難我們也都能有征服的勇氣，再多的坎坷我們也有跨越的雄心。

要做的事情已成定局，但我們能選擇面對的態度，是輕鬆面對還是給自己不斷施壓，是將它看成洪水猛獸還是看作一朵朵嬌嫩的鮮花，這能影響我們做事的效率。假如我們把要完成的任務細細分解成一個個小零件，困難這座高山就會轟然倒塌。

鐘斯在大學畢業後如願地考入當地《明星報》的記者，一天，他的上司交給他一個任務：採訪大法官布蘭代斯。

第一次接到重要任務，鐘斯不是欣喜若狂，而是愁眉苦臉。他想：自己任職的報紙又不是當地的一流大報，自己也只是一名剛剛出道、名不見經傳的小記者，大法官布蘭代斯怎麼會接受他的採訪呢？同事史蒂芬獲悉他的苦惱後，拍拍他的肩膀，說：「我很理解你。讓我來打個比方——這就好比躲在陰暗的房了裡，然後想像外面的陽光多麼熾烈。其實，最簡單有效的辦法就是往外跨出第一步。」

史蒂芬拿起鐘斯桌上的電話，查詢布蘭代斯的辦公室電話。很快，他與大法官的祕書通上了話。接下來，史蒂芬直截了當地提出了他的要求：

「我是明星報新聞部記者鐘斯，我奉命訪問法官，不知他今天能否接見我呢？」旁邊的鐘斯嚇了一跳。

史蒂芬一邊接電話，一邊不忘抽空向目瞪口呆的鐘斯扮個鬼臉。接著，鐘斯聽到了他的答話：「謝謝你。明天下午一點十五分，我準時到。」

「瞧，直接向人說出你的想法，不就行了嗎？」史蒂芬向鐘斯揚揚話筒，「明天下午一點十五分，你的約會定好了。」一直在旁邊看著整個過程的鐘斯面色放緩，似有所悟。

多年以後，昔日羞怯的鐘斯已成為了《明星報》的台柱記者。回顧此事，他仍刻骨銘心：「從那時起，我學會了單刀直入的辦法，做起來不易，但卻很有用。而且，第一次克服了心中的畏怯，下一次就容易多了。」

很多時候，那些看起來很困難的事情，往往並沒有我們想像得那般難，而是我們把困難放大了，當放大到一定程度後，困難就成了一座無法逾越的高山。這往往束縛了我們的思維，使我們無法發揮應有的潛力。

著名數學家高斯一天吃完晚飯後，開始寫作業。前兩個題目順利拿下，第三個題目寫在一張小紙條上，做起來有點費力，越費力高斯就越想把它做出來，結果用了整整一晚上的時間，高斯解決了這道難題。當他把作業交給導師的時候，導師驚呆了，用顫抖的聲音對高斯說：「你知不知道，你解開了一道有兩千多年歷史的數學懸案？阿基米德和牛頓都沒能做出來，你竟然一個晚上就解出來了，你真是天才！我最近正在研究這道難題，昨天晚上出作業的時候，不小心把寫有這道題的小紙條夾在給你的題目裡。」後來高斯回憶：「如果有人告訴我，這是一道有兩千多年歷史的數學難題，我不可能在一個晚上解決它。」

困難有時就像個紙老虎，看起來可怕，但是沒有實際的分量。在我們的日常生活中，我們經常會把困難放大，有句話說「人生不如意十之八九」，其實這不如意之處，大多是我們添加給自己的。

如果你總想著困難，就會把困難無限放大。而事實上，只要你走出了第一步，就會發現那些麻煩與困難都能夠解決，很多時候是我們自己嚇自己。再高的山，一步一步往上走總能到達頂峰。如果你到了山腳下，只是看著高山慨歎，那就只能是一位可憐的看客，無法成為勝利者。很多事只要我們想做就能做到，該克服的困難也都能克服。

我們每前進一步，就離目標更近一步，只要我們不停地努力，成功總有一天會水到渠成地到來。有些事，我們越不敢做就越難，努力去做，也是僅此而已。因此，我們千萬不能把困難在想像中放大。

## ★化屈辱為力量

人生充滿各種挑戰和磨難，戰勝它，我們就成了生活的強者。屈原放逐，乃賦《離騷》；左丘失明，厥有《國語》；司馬遷受了宮刑，仍然寫出《史記》，流芳百世。他們之所以偉大，就是因為能在屈辱中牢記自己的使命，不放棄努力。

屈辱本來是壞事，但我們要努力把它變成好事。屈辱是一種精神上的壓迫，它像一根鞭子，鞭策你鼓足勇氣、奮然前行，要懂得痛定思痛，苦中吃苦。越王勾踐就是將屈辱變成好事的典型，要是他沒有忍辱負重為吳王夫差做事，後來又臥薪嚐膽，他也不可能復仇雪恥成為一方霸主。

有一位智者曾說：「一個人無論怎樣學習，都不如他在受到屈辱時學得迅速、深刻、持久。」這就是說，屈辱讓人學會冷靜、懂得思考。尤其是當我們身在逆境時，需要有一種忍辱負重的胸襟，在屈辱中堅定前行的腳步。

守端禪師的師父是茶陵鬱山主，有一天騎驢子過橋，驢子的腳陷入橋的裂縫，茶陵鬱山主摔下驢背，忽然感悟，吟了一首詩：「我有神珠一顆，久被巨勞羈鎖。今朝塵盡光生，照見山河萬朵。」守端很喜歡這首詩，牢牢地背了下來。

有一天，他去拜訪方會禪師。

方會問他：「你的師父過橋時跌下驢背突然開悟，我聽說他做了一首詩很奇妙，你記得嗎？」

守端不假思索，完整地背誦出來。等他背完了，方會大笑一陣，就起身走了。守端愕然，想不出什麼原因。第二天一大早，他就趕去見方會，問他為什麼大笑。

方會問：「你見到昨天那個為了驅邪演出的小丑了嗎？」

「我見到了。」守端點點頭。

方會說：「你連他們的一點點兒都比不上呀。」

守端聽了嚇了一跳說：「師父什麼意思？」方會說：「他們喜歡人家笑，你卻怕人家笑。」守端聽了，當場就開竅了。

也許人都有愛面子，對於別人的羞辱與嘲笑，本能地會有一種難堪和失落，一旦遭人嘲笑，就會有一種屈辱感。這種屈辱感會讓我們的生活罩上陰影，阻礙我們成就事業。如果你接受不了一點兒嘲笑，可能會面臨更多的攻擊和嘲笑。人生中如果你不能忍一時之痛，那麼你也許永遠都擺脫不了痛苦。

勾踐被夫差打敗後，聽從了文種的建議，向吳王獻上西施，用美人計說服夫差從越國撤兵。

## 第四章　逆境也是一種福氣

### 化屈辱為力量

吳國撤兵後，勾踐帶著妻子和大夫范蠡到吳國伺候吳王，勾踐替闔閭看墳，替夫差餵馬，還幫夫差脫鞋，服侍夫差上廁所。勾踐三人受盡嘲笑和羞辱。為圖復國大計，勾踐強忍著吳國對他的精神和肉體的雙重折磨，對吳王夫差更加恭敬馴服。三年後，他們被釋放回國了。

勾踐回國後，立志發憤圖強，準備復仇。他怕自己貪圖舒適的生活，消磨了報仇的志氣，晚上就枕著兵器，睡在稻草堆上，他還在房梁上掛上一隻苦膽，每天早上起來後就嘗嘗苦膽。他派文種管理國家政事，范蠡管理軍事，他親自到田裡與農夫種田，妻子也紡線織布。勾踐的這些舉動感動了越國上下官民，經過十年的艱苦奮鬥，越國終於兵精糧足，轉弱為強。

再說吳王夫差自從戰勝越國後，以為沒有了後顧之憂，從此沉迷於西施的美色，過著驕奢淫逸的生活。最後，勾踐看準時機起兵滅了吳國。

「臥薪嚐膽」現在已是一種激勵著千千萬萬人的精神，實質上就是化屈辱為力量的典型。

外在的屈辱是一種不幸，但我們不能被它打敗，如果我們的心靈讓這種不幸填滿，我們就真正不幸了，但是如果用屈辱來激勵自己，我們也許可以開創一份屬於自己的事業。

屈辱既可以泯滅一個人的理想，也可以鞭策一個人發憤成功。受屈辱既是壞事，但也能變成好事。屈辱讓我們在精神上受到壓迫的同時，也能鞭策自己鼓足勇氣，奮然前行。

我們要做精神的強人，能夠從屈辱中學習並奮進。任何時候都不能讓理想黯然，用行動去證明和成就自己。只有這樣，才能走向成功。我們應該將屈辱消化成一股熱量，助我們向前奔跑！

要能承受別人的屈辱，這是一種雅量，更是成功的一個重要因素。

## ★發揮「突圍」的精神

有時候，我們不自覺地為自己設置了種種屏障，築起了一道道圍牆。每個人或許都有這樣那樣的「圍」：主觀認識上的偏見、個性上的不足、客觀上的陳規陋習等，都制約著我們實現自己的價值。這種「圍」封閉了我們的視線，制約了我們的心靈。所以，如果我們想做出一番成績，就要有「突圍」的精神。人生需要突圍，走出自砌的牆。

一百六十多年前，在美國有一位靠修鞋為生的老人，他的修鞋攤擺在法院門口。那天有一個因酗酒鬧事而被帶入法院的年輕人，無疑他要被起訴、被判刑，這必然會影響他的家庭，影響他的生活，甚至影響他的一生。老人不由得動了惻隱之心，向法官表示，自己願意做他的擔保人，保釋他出去。老人的善舉打動了法官，於是答應了他的請求。被老人挽救的這位年輕人，從此變成了一名勤勞守法的好公民。此後十七年間，老人共為兩千多人擔保，他的善舉不僅改變了兩千多名失足青年的命運，而且直接影響了美國司法制度——麻省為此正式透過一項法律，專門成立了一個「緩刑司」，這位普通的修鞋老人被人們譽為「緩刑之父」，他對美國的影響不亞於美國歷史上的任何一位總統。

有一名美國黑人婦女，在一次乘坐公共汽車時，不讓座給白人而被罰、被關押，這源於當時美國的一條法律：黑人必須讓座給白人。這條約定俗成的規定通行了很長時間。和她同行的還有兩名黑人婦女，她們分別讓位給白人，而她並不服，她頂住了全車人的壓力，堅絕不讓座。她的關押，引起了全國黑人的憤怒，黑人上街遊行，終於討回了公道，讓司法機構修改了法律。

這就是突圍帶來的積極效應。這種突圍，能讓我們實現自我價值，找回尊嚴。人生不能沒有突圍意識，走出自己設下的牢獄。突圍讓我們更富有創造性，讓生命迸發出激情和活力。

適當的突圍，還能讓我們的改變生命本質。

出生於美國的普拉格曼連高中都沒有讀完，卻成為一位非常著名的小說家。在他的長篇小說授獎典禮上，有位記者問道：「你事業成功最關鍵的轉捩點是什麼？」大家估計，他可能會回答是童年時母親的教育，或者少年時某位老師特別的栽培。然而出人意料的是，普拉格曼卻回答說，是二戰期間在海軍服役的那段生活：

「一九四四年八月的一天午夜，我受了傷。艦長下令由一位海軍下士駕一艘小船，趁著夜色送身負重傷的我上岸治療。很不幸，小船在那不勒斯海迷失了方向。那位掌舵的下士驚慌失措，想拔槍自殺。我勸告他說：『你別開槍。雖然我們在危機四伏的黑暗中漂蕩了四個多小時，孤立無援，而且我還在淌血不過，我們還是要有耐心。』說實在，儘管我在不停地勸告著那位下士，可連我自己都沒有一點信心。但還沒等我把話說完，突然前方岸上射向敵機的高射炮火光燃起，這時我們才發現，小船離碼頭不到三海浬。

普拉格曼說：「那一夜的經歷一直留在我的心中，這個戲劇性的事件使我認識到，生活中有許多事被認為不可更改、不可逆轉、不可實現，其實大多數只是我們的錯覺，正是這些『不可能』才把我們的生命『圍』住了。一個人應該永遠對生活抱有信心，永不失望。即使在最黑暗最危險的時候，也要相信光明就在前方。」二戰後，普拉格曼立志成為一名作家。剛開始，他被無數次退稿，熟悉的人也都說他沒有這方面的天分；但每當普拉格曼想要放棄的時候，他就想起那戲劇性的一晚，於是他鼓起勇氣，一次次突破生活中各種各樣的「圍」，終於有了後來事業的燦爛和輝煌。

突圍雖然不易，但是一旦突圍成功，收穫就會頗豐。

突圍是我們能給自己一份最好的禮物，假如我們的生活是一個小島，突圍則是一條通向它的航道；假如我們的生命是一塊土地，突圍就是在秋天播種下的種子；假如我們的人生是一片天空，突圍就是那輪金光閃閃的太陽。一個人無論如何都不能缺少突圍的精神，沒有了這種精神，你飛不高也走不遠，抵達不到人生的巔峰。

## ★用意志制勝

「平凡的人聽從命運，只有強者才是自己的主宰。」一個人倘若有強大的意志力，他就能夠克服所有的困難，走向輝煌。面對困難迎頭而上，是一種魄力和能力。

有一支軍隊背著風行軍，由於背風的關係，他們走起來覺得很順暢，但所有的旗手都覺得戰旗舉得非常困難，因為從背後吹來的風總把戰旗吹得往前倒。

一名領隊的旗手請教軍隊的指揮官，怎樣才能把戰旗舉高，指揮官說了一句很有意義的話：「想把戰旗舉高，你必須要迎著風走！」

無論外界的環境怎麼變化，無論自己的條件如何，有一顆意志堅強的心，就算遇到再大的困難，你也不會退縮；再大的危險，你也無所畏懼。

人生的路途坎坷崎嶇，只要你有信心和毅力去把它踩在腳下，就能一步一步地登上成功之路。任何人都有追夢和綻放的權利，關鍵就看你是否用心去做。

## 第四章　逆境也是一種福氣

### 用意志制勝

史蒂芬．霍金，一九四二年一月八日出生於倫敦，霍金和他的妹妹在倫敦附近的一個小鎮度過了自己的童年。霍金的父母都受過正規的大學教育，父親是一位從事熱帶病研究的醫學家，母親則從事過許多職業。

霍金在十七歲時進入牛津大學學習物理。從童年時起，運動從來就不是霍金的長項，幾乎所有的球類活動他都不行。

到牛津的第三年，霍金注意到自己變得更笨拙了，有一兩回沒有任何原因地跌倒。一次，他不知何故從樓梯上突然跌下來，當即昏迷，差一點喪命。

直到一九六二年，霍金到劍橋讀研究所後，他的母親才注意到兒子的異常狀況。剛過完二十一歲生日的霍金在醫院裡住了兩個星期，經過各種各樣的檢查，他被確診為患上了「漸凍人症」，即運動神經細胞萎縮症。

醫生對他說，他的身體會越來越不聽使喚，只有心臟、肺和大腦還能運轉，到最後，心臟和肺也會失效。霍金被「宣判」只剩兩年的生命，那時是一九六三年。

霍金的病情漸漸加重，一九七〇年，在學術界聲譽日隆的霍金已無法走動，開始使用輪椅。永遠坐進輪椅的霍金，仍極其頑強地工作和生活著。

一九九一年三月，霍金在一次坐輪椅回柏林公寓過馬路時被小汽車撞倒，左臂骨折，頭被劃破，縫了十三針；但四十八小時後，他又回到辦公室工作。

又有一次，他和友人去鄉間別墅，上坡時轉彎過急，輪椅向後傾倒。

雖然身體的殘疾日益嚴重，但霍金卻力圖像普通人一樣生活，完成自己所能做的任何事情。他甚至是活潑好動的——這聽來有點好笑，在他已經完全無法移動之後，他仍然堅持用唯一可以活動的手指驅動著輪椅在前往辦公室的路上「橫衝直撞」；在莫斯科的飯店中，他建議大家來跳舞，他在大廳裡轉動輪椅的身影真是一大奇景；當他與查爾斯王子會晤時，他旋轉輪椅炫耀，結果壓到了查爾斯王子的腳趾。

當然，霍金也嘗過「自由」行動的惡果，這位物理大師多次在微弱的地球引力作用下跌下輪椅，但每一次他都頑強地重新「站」起來。

一九八五年，霍金動了一次氣管切開手術，從此完全失去了說話的能力。他就是在這樣的情況下，極其艱難地寫出了著名的《時間簡史》，探索宇宙的起源。

霍金取得了巨大的成功，支撐他的正是頑強的意志和不屈的精神，他用常人難以想像的堅強克服了生活中的種種困難，成就了自己的事業。

堅強的意志能為人們帶來珍貴的力量。意志是一個人的財富，堅強的意志能讓人終身受益。世界上任何一項偉大的壯舉、任何一項偉大的成就，都不會一帆風順，都將經歷無數次的失敗和挫折。失敗挫折之後，能重整旗鼓而不消沉，直至取得最後成功，這就是人類意志的偉大作用。積土成山、集腋成裘、水滴石穿、愚公移山都有人類意志力的功勞所在，所以說一項艱巨的事業，如果沒有意志力的參與很難成功。

## ★靠自己的力量走出逆境

生命總是伴隨著苦難與坎坷的，當我們面臨苦難、遭遇逆境時，最需要的不是運氣，而是自己的奮鬥力。只有依靠自己的力量，才能克服人生道路上的風風雨雨。

有一次發生了翻船事故，有兩位虔誠的基督徒被淹在水中，一名基督徒在水中端正自己的姿勢向上帝禱告：「萬能的上帝呀，我是您最虔誠的信徒，您無論如何也要救一救我！」

而另一名基督徒卻把自己身上有一定重量的十字架和教袍扔掉，拚命地往岸邊遊去。做祈禱的基督徒向他的同伴喊：「你怎麼能夠不做禱告呢？上帝憑什麼來搭救你？」而遊著的基督徒卻回應說：「在上帝還沒聽到我的禱告之前，我還得靠自己呀！」

運氣是一種不可捉摸的東西，我們無法掌控它，但我們卻能主觀地去掌控自己的思維，可以在困境中做出自己的選擇。

小蝸牛覺得自己背上的殼太重了，但是又甩不掉，就問媽媽：「為什麼我們從生下來，就要背負這個又硬又重的殼呢？」

媽媽說：「因為我們的身體沒有骨骼的支撐，只能爬，但是又爬不快，所以需要這個殼的保護！」

小蝸牛說：「毛毛蟲姐姐也沒有骨頭，也爬不快，為什麼她就不用背這個又硬又重的殼呢？」

媽媽很有耐心地說：「因為毛蟲姐姐能變成蝴蝶，這樣，天空會保護她啊。」

小蝸牛又問：「可是蚯蚓弟弟也沒骨頭，也爬不快，也不會變成蝴蝶飛上天，為什麼他也不用背這個又硬又重的殼呢？」

媽媽說：「因為蚯蚓弟弟會鑽土，這樣，他鑽到地裡，大地就會保護他啊。」

小蝸牛覺得不公平，哭了起來：「我們好可憐啊，天空不保護我們，大地也不保護我們。」

蝸牛媽媽安慰他說：「所以我們有殼啊！我們不靠天，也不靠地，我們靠自己。」

的確，靠自己永遠是一個最明智的選擇，因為只有自己永遠不會背叛自己。

在人生的旅途中，有坦途也有曲折，有鮮花也有荆棘。而這些，只有我們自己才能去體會和領悟，也只有靠自己的力量，才能突破困境，點綴屬於自己的天空。凡事都想著靠別人的人，不會有大成就。要記住，靠別人不如靠自己。

靠自己的人，才能用自己的力量掌握自己的命運之舵，把握飛翔的方向！

## ★誰也沒有理由讓自己卑微

自卑是一種消極的自我評價，許多人或多或少都有自卑的心理。有些人因為天生缺陷而自卑，有些人因為失敗經歷或者來自周圍人的藐視、嘲笑、侮辱而自卑。無論哪種情形導致的自卑，都會對我們的生活帶來負面的影響。自卑的人缺少自信心和榮譽感，往往表現出抑鬱、悲觀、孤僻。自卑者總是一味輕視自己，總感到自己什麼都不行，什麼也比不上別人。他們無論對待工作還是對待生活都是心灰意冷、萬念俱灰，失去了銳意進取的勇氣。

自卑是人自尊、自愛、自勵、自信、自強的對立面，是人衝出逆境的絆腳石。自卑是我們為自己設置的障礙，只有跨越這道門檻，自卑者才能集中精力和鬥志從事自己的事業，開始新生活。一個人如果

## 第四章　逆境也是一種福氣

### 誰也沒有理由讓自己卑微

有了自卑心理，就必須為了克服自己生理上的缺陷或心理上的自卑，發展其他方面的長處。我們要讓自己的自卑感，成為自己戰勝缺陷、完善自我、走向成功的動力。有時候，往往生理有缺陷、自卑感嚴重的人，尋求補償的願望越強烈和持久，成就大業的本錢就越多。

愛因斯坦在中小學時代，常常被斥為「生性孤僻、智力遲鈍、不守紀律、想入非非」。中學時校方甚至斷言他未來將「一事無成」，勒令他退學。十六歲那年，他報考大學，結果名落孫山；但沒過幾年，他的名聲就傳遍全球。因為他提出了狹義相對論和廣義相對論，成為在科學史上占據劃時代地位的理論物理學家，整整二十世紀，在科學的貢獻方面沒有人能和他相提並論。

列寧的個子不僅在歐洲人中是矮的，放到亞洲人中也是矮的，卻領導了俄國偉大的十月革命，成了偉大的革命導師；魯迅的個子是矮的，但人們提起他，總是覺得他很高大，肅然起敬，為什麼呢？因為他是我們中國現代偉大的思想家、革命家、文學家。

所以，我們沒理由為自己的不足而哀歎，而絕不能讓它限制我們的發展，要用一顆積極的心，去克服自己的自卑心理。

戰勝自卑的過程，其實也是磨練心態、戰勝自我的過程。身處逆境之中如果你不停地抱怨命運，認為生命虧欠了你，認為自己是世界上最不幸的人，那麼你就無法擺脫自卑的情緒。消除自卑就不要用別人的標準來衡量自己，道理很簡單，因為他人的優勢你不完全具備，他人能做到的事情，有的你可以做到，但有的無論你的願望多麼強烈，實際上則很難做到，反之亦然。只要相信、明白和接受這個道理，自卑感就會逐漸消失。消除自卑，要以一種平和的心態對待自己，在充分認識到自己的長處和短處之後，不要總是把注意力停留在自己的短處上，你停留的時間越長，黑色的陰影就越重。消除自卑就不要在意別人對你的評價，以一種積極的態度理性思考，不斷地把個人獨特的力量轉化成有效的行動。

所以，真正能夠解救我們的，只有我們自己，上帝只救自救者。

天生的生理缺陷與過往經歷中的失意和遭遇都已成定局，無法改變，但它們並不等於未來，我們不要把寶貴的時間消磨在自卑的嗟歎中，人生最重要的不是你從哪裡來，而是你要到哪裡去。只要你對未來充滿希望，就會充滿信心和力量。

有自卑感的時候，我們要調整好心態，從自我設置的陷阱超越，清醒面對自己的缺陷和不足，發現自己的優勢和長處，明確自己的目標，積極行動，把自己的優勢和長處發揮到極致，把令人難堪的種種因素轉化成發展自己的跳板。

## ★換個角度看待拒絕

拒絕，每個人都會碰到，在我們的人生中總會碰釘子。當我們遭到拒絕時，需要換個角度思考問題，分析失敗的原因，找出自己需要完善的地方，或許能夠得到意想不到的收穫。

一位剛畢業的女大學生到一家公司應徵財務會計，面試時卻遭到拒絕，因為她太年輕了，公司需要的是有豐富工作經驗的資深會計人員。

女大學生卻沒有氣餒，一再堅持。她對主考官說：「請再給我一次機會，讓我參加完筆試。」主考官拗不過她，答應了她的請求。結果，她通過了筆試，由人資經理親自複試。

人資經理對這位女大學生頗有好感，因為她的筆試成績最好。不過，女大學生的話讓經理有些失望，她說自己沒工作過，唯一的經驗是在學校掌管過學生會財務。他們不願找一個沒有工作經驗的人做財務會計。人資經理只好敷衍道：「今天就到這裡，如有消息我會打電話通知你。」

女大學生從座位上站起來，向人資經理點點頭，從口袋裡掏出一美元雙手遞給人資經理：「不管是否錄取，都請打個電話給我。」

人資經理從未見過這種情況，竟一下子呆住了。不過他很快回過神來，問：「你怎麼知道我不打電話給沒有錄用的人？」

「您剛才說有消息就打，那言下之意就是沒錄取就不打了。」女大學生說。

人資經理對這個年輕的女孩產生了濃厚的興趣，問：「如果你沒被錄用，我打電話，你想知道些什麼呢？」

「請告訴我，我在什麼地方不能達到你們的要求，我在哪方面不夠好，我好改進。」女孩說。

「那這一美元，」人資經理說。

沒等人資經理說完，女孩微笑著解釋道：「打電話給沒有被錄用的人不屬於公司的正常開支，所以由我付電話費，請你一定打。」

人資經理馬上微笑著說：「請你把一美元收回。我不會打電話了，我現在就正式通知你，你被錄用了。」

就這樣，女孩用一美元敲開了機遇大門。

這個例子就說明，有時候，拒絕並不是意味著你完全沒有機會。被拒絕，有時候並不是因為我們的實力不夠，而很有可能是因為別人對我們的了解還不夠，對我們的能力做了一個錯誤的估計。所以，當被拒絕的時候，我們要巧妙地讓自己的優勢和潛力發揮出來，贏得別人的賞識，這樣就能打破一開始的印象，為自己加分。這個女孩其實就是一個聰明的人，她一開始就被拒絕，但仍要求參加筆試，表現出堅毅的品格，而這正是從事財務工作需要的一個重要特質；她能坦言自己沒有工作經驗，顯示了一種誠信，這對財務工作者也尤為重要；即使不被錄取，也希望能得到別人的評價，說明她有直面不足的勇氣和敢於承擔責任的上進心；最後，女孩自掏電話費，這表現了她思維的靈活性，也展示了自己公私分明的良好品德，這一切，都是一個出色的財務工作者所需要。這個女孩用一美元，展現了自己良好的素養和高尚的人品，而這些有時比資歷更為重要，所以她最終達到目的。

所以，當我們面對拒絕時，不妨聰明地去展現自己的能力和潛力吧。

## ★努力掙脫生命之蛹

每個人的潛力都遠遠大於我們自己的想像。美國心理學家詹姆斯曾對「潛力」有如下的解釋：才能和先天限制。或者，我們應該在後面再加上「努力」二字。只有努力衝破束縛和阻礙，我們的潛力才能最大發揮，成為真正的強者。

還是小孩時，他相貌醜陋，患有嚴重的口吃。因為疾病，他左臉局部麻痺，對別的孩子落在他臉上的鄙夷目光也沒有多少感覺；嘴角畸形，也許是他在隨時咬碎別的孩子嘲諷的話語；一隻耳朵失聰，他聽不進別的孩子的奚落和起哄。他也自卑過，心像一個脆弱的蛹；但他更有奮發圖強的決心，他要自己「咬破」那厚重的、窒息的「蛹」！

第四章　逆境也是一種福氣

努力掙脫生命之蛹

別的孩子在玩具堆中度過快樂的童年時光，他則在茫茫書海中找到顛簸前行的舟；別的孩子吃香甜的巧克力，他卻將書讀得津津有味；別的孩子疏遠他，他就在讀物中找到促膝而談的智者。更重要的是，他用書本上的知識，磨礪了自己的堅強和永不放棄的特質。

為了矯正口吃，他嘴裡含著小石子練習講話，他要證明：柔軟的舌頭比石子和口吃的頑疾更堅韌！母親看到他的嘴巴和舌頭被石子磨爛，心痛得如刀割針刺，抱住他流淚說：「孩子，你不要練了，就這個樣子吧，媽媽一輩子陪著你。」他替媽媽擦掉淚水，說：「媽媽你不要這樣。書上說，每一隻漂亮的蝴蝶，都是歷盡千辛萬苦，衝破束縛它的蛹之後變成的，我也要憑著自己的努力做一隻美麗的蝴蝶。」

後來，他能流利地講話了。因為勤奮、善良和能夠吃苦，中學畢業時，不僅取得了優異的成績，還贏得了周圍人的敬佩和尊重。母親為他找到一份不錯的工作：「希望你能像平常人一樣平安地度過一生。」他拒絕了，鏗鏘地對母親說：「媽媽，我要做一隻美麗的蝴蝶。」

他掙脫身上束縛的蛹，事業上頗有建樹。一九九三年十月，他參加總理大選。對手居心叵測地利用電視廣告誇張他的臉部缺陷，對他侮辱攻擊。他用講話時總是歪向一邊的嘴巴鄭重承諾：「我要帶領國家和人民成為一隻美麗的蝴蝶。」他的這一口號贏得了人們極大的好感和擁護，成為人們廣為傳誦的名言。他以高票當選為總理，並在一九九七年連任，人們親切地稱他為「蝴蝶總理」。

他就是加拿大第一位連任兩屆、被人們親切地稱為「蝴蝶總理」的尚．克瑞強。

掙破禁錮的蛹，才能化身美麗的蝴蝶，尚．克瑞強衝破了疾病、嘲諷和攻擊，最終放飛了生命中最美麗的「蝴蝶」。其實，命運往往是有很多坎坷，命運之蛹有時候會將我們圍困，比如出身卑微、一文不名、迭遭苦難、屢戰屢敗無論「蛹」多麼密集、多麼厚重，我們都要集中力量，全身心地掙脫！

讓生命由蛹化蝶，需要自尊、自信和自強。的確，有些東西我們無法改變，例如低微的門第、醜陋的相貌、痛苦的遭遇。這些都是我們生命中的「蛹」。但有些東西我們則有選擇的權利，如自尊、自信、毅力、勇氣，它們是幫助我們穿破命運之蛹、由蛹化蝶的生命之劍。

突破了生命的蛹，才能擁抱金色的蝶，生活就是苦甜交換的過程，咫尺天涯，只有經歷過了才明白個中的甘苦，黯淡之後必定輝煌。

# 第四章　逆境也是一種福氣

## 努力掙脫生命之蛹

# 第五章　人生的力量來自行動

## ★用行動改變自己

一切成功都始於行動。只有開始行動，才能達到自己的目的。立即行動能讓我們遠離失敗，走向成功。身體力行遠遠勝過空想，拿出實際行動比什麼都重要。每一個行動，都是日後成功的起點，如果不想讓自己的人生留下悔恨，就馬上用行動去實現成功吧。

不行動就無法帶來價值，每個人都要重視行動的力量。據統計，世界上成功者只占5%，不成功者占了95%，為什麼呢？最重要的原因之一就是缺少行動。一張地圖，不論多麼詳盡，比例多麼精確，它永遠也不可能帶著它的主人在地面上移動半步；一個國家的法律，不論多麼公正，永遠也不可能防止罪惡發生。只有行動才能使地圖、法律、夢想、計畫、目標實現。行動之於渴望成功的我們，像食物和水一樣不可或缺。行動也許不會結出成功的果實，但沒有行動，所有的果實都無法收穫。那麼，現在就付諸行動吧！大家都渴望成功、快樂、心靈的平靜，除非行動，否則將在失敗、不幸、夜不能寐的日子中揮霍時光。

哥倫布還在求學的時候，偶然讀到一本畢達哥拉斯的著作，知道地球是圓的，他就牢記在腦子裡。經過很長時間的思索和研究之後，他大膽地提出：如果地球真的是圓的，他便可以經過極短的路程到達印度。當然，在當時有許多有學識的大學教授和哲學家都嘲笑他的假想。因為他想向西方行駛而到達東方的印度，豈不是在說夢話嗎？他們告訴他：地球不是圓的，而是平的，然後又警告道，他要是一直向西航行，他的船將駛到地球的邊緣而掉下去，這不是等於自殺嗎？然而，哥倫布對自己的想法很有自信，只可惜他家境貧寒，沒有錢讓他實現這個冒險的理想，他想從別人那兒得到一點兒錢，助他成大事，他一連空等了十七年。他決定不再等下去了，於是起程去見皇后伊莎貝拉，沿途窮得竟以乞討糊口。

皇后讚賞他的理想，並答應賜給他船隻，讓他去從事這項探險工作。困難的是，水手都怕死，沒有人願意跟隨他去，於是哥倫布鼓起勇氣跑到海濱，捉住了幾位水手，先向他們哀求，接著是勸告，最後用恐嚇的手段逼迫他們。一方面他又請求女皇釋放獄中的死囚，允許跟隨自己去冒險，如果冒險成大事，這些死囚就可以免罪恢復自由。一四九二年八月，哥倫布率領三艘帆船，開始了一個劃時代的航行。

航行幾天，就有兩艘船破了，接著又在幾百平方公里的海藻中陷入了進退兩難的險境。他親自撥開海藻，才得以繼續航行。在浩瀚無垠的大西洋中航行了六七十天，也不見大陸的蹤影，水手都失望了，他們要求返航，哥倫布兼用鼓勵和高壓兩種手段，得以繼續航行。

天無絕人之路，在繼續航行中，哥倫布忽然看見有一群飛鳥向西南方向飛去，他立即命令船隊改變航向，緊跟這群飛鳥。因為他知道海鳥總是飛向有食物和適於它們生存的地方，所以他猜測附近可能有陸地，哥倫布果然發現了美洲新大陸。

可以想像，如果哥倫布再等下去，必然會一生蹉跎，「白了少年頭，空悲切」，美洲大陸的發現者可能改換他人了。哥倫布最終成了英雄，從美洲帶回了大量黃金珠寶，並得到了國王的獎賞，以新大陸的發現者而名垂千古，這一切都是行動的結果。

每個人都應該牢記這句話：行動是實現能力的最好證明，立即行動才是成功的首要法則！那些成功的人，懂得抓住機會馬上行動，而不是等著「有朝一日」再行動。他們一遇到問題就馬上動手解決，他們把所有的力量都集中到行動上，就能時刻保持活力，每天都能激情飽滿地去尋找解決問題的辦法。

有位「實業家」曾有這樣一個觀點：假如說我的成功是在一夜之間得來的，那麼，這一夜乃是無比漫長的歷程。不要等待「時來運轉」，也不要由於等不到而惱火委屈，要從小事做起，要用行動爭取勝利。

所以，停下所有的抱怨吧，努力行動，相信勤奮工作總能給我們帶來好運。一個人只要專心致志地去做好自己的工作，並堅持下去，機會就會到來。不要讓自己的光陰在抱怨中耽誤，用行動成就自己吧。如果你想要做出一番成績，就去努力做好每一件事。只要用行動去努力和奮鬥，就能讓自己的生活充滿陽光。

## ★凡事豫則立

計畫是我們實現夢想的橋梁，將我們從現在的位置載向成功的彼岸。同時，計畫讓我們的行動有方向，可以結合一個個小目標，成功實現目標。

一九五三年，耶魯大學調查了一萬名畢業班的學生，了解他們是否設定了目標，是否制訂了計畫去實現這些目標。結果只有3%的人設定了目標，並且制訂了計畫。耶魯大學是全美頂尖的學府，在那些最優秀的學生當中，卻只有3%的人設定了目標並且制訂了計畫。十年之後，學校又對同樣的人進行了追蹤調查，結果表明，當初那3%設定目標和擬訂計畫的學生所創造的財富，占據了這一萬名被追蹤調查的學生所創造財富的50%以上。

這充分說明，計畫是實現成功的祕密武器，沒有計劃，再完美的目標也是空想。計畫對我們的人生至關重要，如果你在計畫上失敗了，那你註定會在執行上失敗。沒有計劃的人的生活雜亂無章，忙忙碌碌卻收不到實際效果。

一九八四年，在東京國際馬拉松的邀請賽中，名不見經傳的日本選手山田本一，出人意料地奪得了世界冠軍，全世界的人都好奇他為什麼取得如此驚人的成績。他在自傳中這麼寫：每次比賽之前，我都要搭車將比賽路線仔細地看一遍，並將沿途比較醒目的標誌畫下來，比如第一個標誌是銀行；第二個標誌是一棵大樹；第三個標誌是一座紅房子，一直畫到賽程的終點。比賽開始後，我就奮力地向第一個目標衝去，等到達第一個目標後，我又以同樣的速度向第二個目標衝去四十多公里的賽程，就把我分解的幾個小目標輕鬆地跑完了。起初，我並不懂這樣的道理，我把我的目標定在四十多公里外終點線上的那面旗幟上，結果我跑到十幾公里時就疲憊不堪了，我被前面那段遙遠的路程給嚇倒了。

由此可見，有計劃地去實現目標，能大大發揮人的潛能。只要制訂了目標，擬訂了切實可行的計畫，就是那傑出的3％。

相反，一個人沒有目標，就不知道未來的去向，也沒辦法開始行動。

一九六一年，美國總統甘迺迪宣布：「到一九六〇年代末期，美國一定要把人類送上月球！」從而確立了人類登陸月球的目標。在眾多科學研究人員的努力和財力、物力的支持下，一九六九年七月二十日，僅僅用了八年的時間，「阿波羅號」就成功地登陸月球表面，成為人類歷史上劃時代的偉大創舉。

在此之前，登陸月球只是人類的夢想而已。可見，確立目標是一件多麼重要的事情。

計畫能讓你對將來有一個初步的預測，分析哪些事情可能會發生，哪些事情可能會變化。在做出準確預測後，制訂出行動方案，一旦未來發生變化，就能從容對付。這樣。你就能對自己的生活應付自如。

即使將來所有情況都是確定的，你還是得做計畫。你必須選擇完成某一目標的最好方法，使行為更有效率，更有利於實現目標。情況一旦確定，並不等於你只有一條路可走，你往往會面臨多種選擇，具體如何做需要我們自己心中有數，計畫明確。

在生活中，很多人對豐富多彩的未來有許許多多規劃，但如果我們讓這些規劃停留在想像中，那就只能是「願景」！所以，古人感歎：「莫等閒，白了少年頭，空悲切！」我們不能只把願景埋在心裡，而是要制訂具體的行動計畫，因為沒有行動計畫支持的願景，就如水中月、鏡中花，沒有任何意義。

有計畫的生活緊張但有序，一切都能在自己的掌控中；有計畫的工作雖然繁忙但是充實有效率；有計畫的人生就算充滿艱辛，我們也能夠處之泰然。計畫讓你的思維清晰，能讓人收到事半功倍的效果。

## ★給自己切實可行的目標

《圍爐夜話》中說：「有不可及之志能成不可及之功。」

這就是說，一個人若是擁有遠大的抱負，眼界心胸就會開闊，最後必能成大事，自成一番氣候。是的，人只有訂立一個目標，才有奮鬥和前進的動力。每一件事想做好、做成功，必須有一個切實可行的目標，讓人有前進的方向。目標人而空，不僅沒有實際意義，還會為人的心靈帶來負擔。唯有切實可行的目標，才能指引著人一步步前進。

第一個從游過英吉利海峽的杳德威克，被人們稱為游泳天才。她曾深深地體會到沒有目標的可怕，她在描述自己一次失敗經歷時說：

「我清楚地記得，那是一九五二年七月四日，那天大霧彌漫，天氣非常寒冷，但這對我不算什麼，我知道一個人要想做什麼事情，不吃苦不行。我決定從卡塔林納島向加利福尼亞海岸遊過去，如果能成功，我將是第一個遊過這個海峽的人。那天的霧實在太大了，我連護送的船都看不見，更看不見前邊的岸。我在水裡游了一個鐘頭又一個鐘頭，冰冷的海水冰得我渾身發麻。十五個小時之後，我覺得自己不行了，不可能遊到對岸。於是，我請求別人把我拉上船。這時，我的母親和教練正在另一條船上，他們大聲地告訴我離海岸很近了，只要我再堅持一小會兒，就能獲得勝利。我朝前方望去，可我看見的只是茫茫大霧，根本不知道加州海岸還有多遠。我只好搖搖頭，宣告這次行動失敗。」

「上岸之後，當大霧漸漸退去，我才發現，岸邊離我被大家拉上船的地方很近。如果當時我看得見陸地，我相信我一定能夠堅持下來。兩個月後，我成功地游過了那個海峽。」

「那次事件使我明白，目標對於一個人來說真的是太重要了。不誇張地說，在我的奮鬥生涯中，只有那一次我沒有堅持到底。」

看來，有一個看得見的目標，能讓人知道自己該做什麼，能給人堅持下去的動力和勇氣，最後讓人達到成功的彼岸。

有一名二十五歲的年輕人，因為對自己的工作不滿意，他跑來向柯維諮詢。他的生活目標是：找一份稱心如意的工作，改善自己的生活處境。他生活的動機似乎不全是出自私心，而且完全有價值。

「那麼，你到底想做點什麼呢？」柯維問。

「我也說不太清楚，」年輕人猶豫不決地說，「我從沒有考慮過這個問題，我只知道我的目標不是現在這個樣子。」

「那麼你的愛好和特長是什麼呢？」柯維接著問，「對於你來說，最重要的是什麼？」

## 第五章　人生的力量來自行動

### 給自己切實可行的目標

「我也不知道，」年輕人回答說，「這一點兒我也沒有仔細考慮過。」

「如果讓你選擇，你想做什麼呢？你真正想做的是什麼？」柯維對這個話題窮追不捨。

「我真的說不準，」年輕人困惑地說，「我真的不知道我究竟喜歡什麼，我從沒有仔細考慮過這個問題，我想我確實應該好好考慮了。」

「那麼，你看看這裡吧，」柯維說，「你想離開你現在所在的位置，到其他地方去。但是，你不知道你想去哪裡。你不知道你喜歡做什麼，也不知道你到底能做什麼。如果你真的想做點什麼的話，那麼，現在你必須決定。」

柯維測試這個年輕人的能力，他發現這個年輕人對自己所具備的才能並不了解。柯維知道，對每一個人來說，前進的動力不可缺少，因此，他教給年輕人培養信心的技巧。現在，這位年輕人已經滿懷信心地踏上了通往成功的征途。

現在，年輕人已經知道他到底想做什麼，知道他應該怎麼做。他懂得怎樣才能事半功倍，他期待著收穫，他也一定能獲得成功——因為沒有什麼困難能擋住他前進的腳步。

許多人之所以一事無成、碌碌無為，最根本的原因是他們沒有目標，不知道自己要做什麼。無論是生活還是工作，明確自己的目標和方向是非常必要的。一個人只有明確自己的目標是什麼，知道自己到底想做什麼，才能夠達到目的，才能實現夢想。

## ★為成功做好充足的準備

拿破崙．希爾曾說：「一個善做準備的人，是距成功最近的人。」

第一次世界大戰期間，列寧割地賠款，保存實力，爭取復興時間。當時的蘇維埃政府甚至連一支正規軍都沒有，就是在這樣一個時期裡，一支四百萬人的強大軍隊卻慢慢形成了，在列寧、史達林的指揮下，抗擊德國法西斯，奪回國土，一舉奠定了伏爾加格勒保衛戰的勝利，從而敲響了希特勒的喪鐘。

列寧不愧是列寧，在贊許列寧明智的同時，我們不禁要驚異，他的成功、蘇維埃政府的成功同樣是建立在充分準備的基礎上。

生活就是如此，歷史也是這樣總結的：「勝利女神永遠只向充分準備者微笑。」所以，只有準備充分，才能成功。準備是通往成功的捷徑，我們每個人都要樹立準備的理念，將它變成一種習慣、一種行為準則。一個缺乏準備的人，就會在前進的途中不斷出錯，即使具有超強的能力、遇到絕佳的機會，也不能馬上成功。

準備才是成功的保證！一個做好充分準備的人，就是一個已經與成功預約的人。

紐約一家公司被法國公司兼併了，公司新總裁一上任就宣布：公司所有員工都要進行法語測驗，只有合格者才能留用。決定一宣布，所有人都很著急，紛紛湧向圖書館；可是，有一位員工卻若無其事，仍然像平常一樣，下班以後就直接回家了。同事還以為，他已經準備放棄這份工作了。但令所有人都想不到的是，考試結果一公布，這個在大家眼中肯定沒有希望的人，卻得了最高分。儘管他來公司時間不長，但他還是被公司破格列為第一批留用者了。

原來，這位員工在大學剛畢業來到這家公司後，看到公司的法國客戶很多，但自己不會法語，每次與客戶的往來郵件或合約文本，都要公司的翻譯幫忙，有時翻譯不在或沒空時，自己的工作只能被迫停止。因此他想，法語在這個公司很有用，是工作的一個基本條件，這家公司遲早要將法語作為考核員工的條件。於是，他早就開始自學法語，這次最高成績的取得、考試的成功，就是他提前學習的回報，是他早有準備的結果。

成功屬於有準備的人，因為有了充分的準備，他們才會變得更加從容不迫、更加胸有成竹、更加自信穩健。「不打無準備之戰」是取得成功的關鍵。

對於我們每一個人而言，要想真正獲得成功，超越期待，對於任何事情都需要認真對待，認真準備，早做規劃。當我們事事提前、事事考慮入微時，工作將不僅僅是工作，而會成為一種歷練，成為一種成長，成為一種享受，從而見證在他人心目中的一個又一個成功！

「寶劍鋒從磨礪出，梅花香自苦寒來。」有充分準備的人，總會取得勝利。

## ★果斷走向成功

做任何事情都需要魄力，需要果斷的決策力。那些尋找保險、舉棋不定、猶豫不決的人，通常不會有大作為，因為他們連自己都不相信，當然很難得到他人的信賴了。一個人要是舉棋不定或優柔寡斷，實在是很不幸的一件事，面對唾手可得的機會時猶豫不決，最終因為這種性格的弱點而錯失良機。優柔寡斷的人是不會有大作為的，他們缺乏毅力，缺乏自信心和判斷力，他們的人生也就註定失敗。

一位喪夫的女子向人訴說她最近的煩惱，母親託媒人為她物色了幾個對象，都沒成功。第一個是大她兩歲，未婚，願意與她結婚，但母親嫌他家窮，家中還有一個瞎子哥哥，沒同意；第二個是一個中年光棍，但母親嫌他又矮又窮，也沒同意；第三個是一個養魚人，大她一歲，離異，有一女兒，透過媒人介紹後，兩人開始來往；一段時間後，彼此感情加深，可她母親嫌他醜陋、抽菸，沒有什麼錢，又不同意。

為此，她苦惱不已：一個人過，她覺得太孤單，無依無靠，現在自己還帶著兩個孩子；再嫁人，不是自己不中意，就是母親不中意；想出去打工，可又擔心家中兩個孩子無人照料。左也不是，右也不是，以致她對未來的生活越來越沒有信心，這就是優柔寡斷的典型表現。優柔寡斷的人總是對未知的事情多慮、懷疑，總是擔心自己一旦決斷，也許就會有更好的事情發生。他們無法把握手中的機會，不敢相信自己能解決重要的事情。因為猶豫不決，很多美好的想法無法實現。所以，優柔寡斷是成功的大敵，我們應該想辦法克服它。

克服優柔寡斷最好的方法，是要像成功者那樣勇敢果斷，對人生充滿信心。

一位四十二歲名叫尼爾．巴特勒的探險者，在人煙稀少的加拿大西部雪地上行走時，突然被捕熊器牢牢夾住腳；更可怕的是，這一地區夜間溫度會降到零下幾十攝氏度，遇此絕境，要嘛被凍死，要嘛斷腿逃命。經過慎重思考，他果斷地選擇後者——「為自己截肢」。當作出選擇後，他嘴裡咬住帽子以防痛苦中喊叫時咬傷舌頭；用血洗刀，權當消毒；用衣服紮住小腿來止血；然後用鋸齒刀鋸斷自己的腿骨。他終於將自己從捕熊夾中解救出來，用雪埋好斷肢，以備以後能接上。他做完這些事情後，開車走了一百五十多公里才找到森林邊的一個醫療站，並告訴醫生「我的腳還在雪地裡」，之後就昏倒了；後來，他的腳並沒有保住，但他果斷的選擇卻保住了生命。

所以，我們要注重培養自信、自立、自強、自主的意志力，培養自己的獨立性。在生活中，不要這山望著那山高，不要做什麼都想要，結果什麼都得不到，得不償失。因此在很多時候，我們要敢於取捨，在保持自己原則的同時，不要太過追求完美，而要勇於面對，果斷決定。

一個善於主動思考的人，不會凡事都依靠別人，他們做什麼事情都更有主動性。如果你不夠果斷，那麼下次，當你遇到一件你難以抉擇的事情的時候，先不要盲目衝動地做決定，也不要等別人給你意見，而是自己冷靜思考分析，然後再做決定。這樣，你就會慢慢養成主動思考的好習慣，能讓自己成為一個有主見的人，遠離優柔寡斷。

當你作出一個決定後，不管對或錯、成與敗，都不要後悔，至少你盡自己的努力了。無論多麼糟糕的結局，都會過去！勇敢挑戰未來吧，沒有什麼難關是自己攻克不了的。

## ★成功需要借力

個人的力量始終有限，很多成就非凡事業者都能善於借助他人的力量，登上成功的巔峰！但凡成功者，都是善於借力的高手。「與其和馬賽跑，不如騎在馬上和馬一起跑。」這就說明了借力的必要性和重要性，也說明了掌握方法的好處。工欲善其事，必先利其器。有一個好的借力工具，就能收到事半功倍的效果。俗話說得好：借力打力不費力。懂得借力打力的人，就能夠以小博大，以弱勝強，以柔克剛，四兩撥千斤。

漢朝開國皇帝劉邦正是憑藉手下張良、蕭何、韓信等文臣武將，開創了漢室江山。在洛陽開慶功宴時，劉邦讓群臣評論戰爭勝敗原因，群臣說：「只因項羽量小妒人，陛下賞罰分明。」劉邦說：「你們只說對了其一，還有其二，若說運籌帷幄，出謀劃策，決勝千里之外，我不如張良；鎮守後方，安撫百姓，籌集軍糧，我不如蕭何；統率大軍，攻城掠地，出奇制勝，我又不如韓信，他們都是難得的蓋世豪傑，而我能重用他們，發揮他們的才能，這是我得天下的主要原因，項羽只有一個范增，還不能重用，這是他失敗的原因。」

眾人拾柴火焰高，能夠集大眾的智慧於一體，才能讓自己擁有超凡的能力。

有時候巧妙地借力，還能清除障礙解決生活中的難題。

大英圖書館是世界著名的圖書館，藏書非常豐富。一次，圖書館要搬家，也就是說要從舊館搬到新館，結果一算，搬運費要幾百萬，圖書館根本就沒有這麼多錢，怎麼辦？有一個高人向館長出了一個主意，結果只花了幾千元錢就解決了這個問題。

圖書館在報上登了一則廣告：即日開始，每位市民可以免費從大英圖書館借十本書，但是要還到新館。結果許多市民蜂擁而至，沒幾天，就把圖書館的書借光了。就這樣，圖書館借用大家的力量搬了一次家。

這種借力，實在是一種高明的手法。它讓我們能夠輕而易舉地實現原本很難實現的目標。

所以，一個人能否成功，很大程度上與他是否懂得借力有關。一個成功的人，必定是善於借助各種力量來推動自己的人。他清楚怎樣借力，借誰的力才能補己所短，長己所長。無論是你的情人、主管、同事還是對手，都可以是你借力的對象，關鍵在於你如何把握。

## ★採取大量的行動

成功與爆發力，和行動的密集度息息相關，需要在最短的時間內採取最大量的行動。

一名保險行業的行銷高手是這個產業裡的第一名，而且他已經保持世界第一的成績長達二十年之久。

一天，他決定舉行一場演講，告訴所有的人關於他成功的祕訣。

演講那天，現場來了兩千多人。

演講者舉起一個鐵錘，指著台上一個巨大無比的鐵球說：「有誰能夠上來移動這個鐵球嗎？」

有人自告奮勇地跑上台來，拿起錘子對著鐵球猛敲了一下。

鐵球紋絲不動，而這個人卻被反彈得後退了好幾步。

現場的人非常驚訝，這麼用力一敲，鐵球居然都沒有動。

接著又上來一個人，用力一敲，又是反彈一公尺遠。

連續上來了四個人，結果鐵球都是紋絲不動。

這個時候，這位世界第一名說：「看來台下沒有任何人可以讓這個鐵球移動，讓我來教你們如何移動這個鐵球吧。」

於是他舉起一根小指頭，對著鐵球輕輕一敲，過了五秒鐘，又用小指頭敲了一下，又過了五秒鐘，又敲了一下就這樣敲了五分鐘，鐵球還是沒有動，可他還是每過五秒鐘敲一下。

人們不知道他葫蘆裡賣的什麼藥。

過了十分鐘，人群開始躁動，他對台下的情況視若無睹，仍然對著鐵球每隔五秒鐘敲一下。二十五分鐘過去了，鐵球照樣紋絲不動，台下開始有人罵他是騙子了，而他還是每隔五秒鐘敲一下。

過了四十分鐘，坐在前排的人看到鐵球動了一點點，到了第五十分鐘，鐵球的動靜越來越大，現場的人開始站起來鼓掌。

他接著說：「現在現場有誰可以到台上來讓這個鐵球停止？」

人們說：「這麼大的鐵球，不可能停止了。」

他說：「這就是我成功的祕訣。我每天行動，不管其他人排斥我、笑我、罵我。最後，當我的成功來臨的時候，我叫你們擋，你們都擋不住啊。」

「所以，千萬別小看一次次細小的行動，不斷累積，就會有大的成功。」

這位著名的演說家就是安東尼．羅賓。

有人問安東尼．羅賓，為什麼你這麼會演講，他說，別人一天講一場，我一天講三場。安東尼．羅賓說，當初他開始有動力要去演講，是因為在高中的時候，他講話實在太爛，他的女朋友為此跟他分手。所以他下定決心要演講。他替當時的潛能大師吉米．羅恩工作，他的工作是靠公眾演說，推廣吉米．羅恩的錄音帶和課程，他的同事一個禮拜才講三場，他一天就講了三場！他一天的經驗相當於他的同事一個禮拜的經驗！

他只要做四天，就相當於同事一個月的經驗！他做一個月，就相當於同事半年甚至一年的經驗！

在最短的時間裡採取最大量的行動，就能在最短的時間內達到目標，讓自己趨向完美。能力是一種能把不甚完美的計畫執行到最好的技能，而所有技能的養成，都取決於大量的重複練習，所以永遠不要等到完美時再行動，而是在行動中創造完美。

只有大量、快速的行動，才能超越競爭、領航競爭。只要你能以最短的時間採取最大量的行動，就可能成為下一個像安東尼・羅賓那樣出色的演講家、成功者！

## ★專注自己的目標

欲多則心散，心散則志衰，志衰則思不達也。在我們的人生中，做什麼事情都要專注，要善於取捨，這是一種生活的智慧。韓愈說：「業精於勤，荒於嬉；行成於思，毀於隨。」清代紀曉嵐也曾說：「心在一藝，其藝必工；心在一職，其職必舉。」所以，要想把事情做好，就必須專注。

有一位老闆需要一個小夥計，他給的薪水很豐厚，自然也引來眾多求職者。每個求職者都要經過一個特別的考試。考試的題目很簡單，老闆將一張紙送到每個人手上，上面印著一段文字，要求應徵者不斷朗讀上面的文字。

閱讀剛一開始，商人就放出六隻可愛的小狗，小狗跑到朗讀者的腳邊，許多應徵者都因經受不住誘惑要去看美麗的小狗，視線離開了文章，因而被淘汰。

但是，有一位叫卡特的年輕人始終沒有忘記自己的角色，在排在他前面的七十個人失敗之後，他不受誘惑一口氣讀完了文章。

老闆問卡特：「你在閱讀的時候沒有注意到腳邊的小狗嗎？」

卡特答道：「有，先生。」

「我想你應該知道牠們的存在，對嗎？」老闆接著問。
「是，先生。」卡特說。
老闆問：「那麼，為什麼你不看一看牠們？」
「因為我答應過你我要不停頓地讀完這一段。」卡特說。
「你總是遵守你的諾言嗎？」老闆緊盯著卡特問。
「的確是，我總是努力地去做，先生。」卡特說。
老闆高興地說道：「你就是我想要找的人。」
對於成功的祕訣，不同人有不同的看法，但是成功者有一點是共通的，那就是專注！成功不在於你涉足多少，而在於你把某一方面精細化，只有專注，才能讓你真正做到這一點。專注是一種性格，是成功需要的一個重要特質。任何事只有全身心地投入，才能收穫預期的結果。
從前，有一隻貪吃的狗經常到寺院尋找食物。當地有兩座寺院，一座在河的東岸，另一座在河的西岸。貪吃的狗聽到東岸寺院僧人開飯的鐘聲，便去東岸寺院覓食；聽到西岸寺院僧人開飯的鐘聲，又去西岸寺院覓食。
後來，兩座寺院同時鳴鐘開飯，狗渡河去覓食，當向西游去時，唯恐東岸寺院的飯食比西岸寺院的好；當向東游去時，又怕西岸寺院的飯食比東岸寺院的好。牠一會兒向西游，一會兒又向東游，最後渾身無力淹死。
這隻貪吃的狗的下場令人惋惜，但是，假若牠只專注於一個目標，情形就大不同了，也許，它現在正飽食後在某個角落舒服地打盹呢，絕不會淒慘地累死在河裡。

在我們的社會中也有很多這樣的例子，很多人總是在做著一件事情的同時，想著其他的事情，他們的時間都浪費在遐想、探索、選擇和嘗試中，對於眼前該做好的事情，他們卻難以集中精力應付，到最後他們一事無成。

專注的人才能成功。現在社會分工越來越細，很少有人可以樣樣精通。要有所建樹，就必須要專注於一行一職，把自己能勝任的事情做到極致，盡自己最大的努力創造盡可能大的成績。如果你的想法太多、目標分散，總是一心多用、左顧右盼，就無法凝聚自身的力量，就無法取得大的成績。

## ★高效做事，節約時間

時間對每個人來說很寶貴，而提高做事情的效率，讓自己在有限的時間內取得最大的成績，讓時間更有效益，這是我們每個人都要思考的。有些人在有限的時間裡做了很多事，但最終所取得的成績卻微乎其微，這就是因為他們沒有將自己的時間效益發揮到最大。很多時候，講究做事的效率能避免走彎路，讓自己的時間更高效。

某公司來了一位能幹的年輕人，不久就被提升為部門經理。

這讓同在該部門工作的安德列很生氣，因為他在這家公司裡工作了十五年，但是一直沒有升遷。他越想越來氣，跑到董事長辦公室抱怨說：「我在這兒工作兢兢業業，已經有十五年的經驗，可是您卻把剛來不到一年的新手升為經理，我不明白這是怎麼回事。」

董事長耐心地聽他說完：「安德列，你的心情我可以理解。」

安德列的眼裡露出期望的光，董事長接著說：「但是有一點你弄錯了：你並沒有十五年的工作經驗，你只有一年的工作經驗，而把它兢兢業業地用了十五年。」

安德列的例子告訴我們，並非在某件事情上花的時間越多，收益就越大。對我們來說，提高時間的利用率，讓自己的時間更有價值才是關鍵。

如何讓自己的時間更有價值呢？萬事起頭難，當你決定做某一件事情時，就要集中精力去做。下決心開頭，再往下做就會是順理成章的事情了。有了第一步，就會有第二步、第三步這樣不斷地做下去，你就會發現離目標越來越近，目標正在漸漸地化為現實。

無論我們做什麼事，都要力求「第一次就把事情做對」，這是一個最簡單實用的提高效率的法則。第一次至關重要，假如一開始就出現差錯，就很難改變差錯的現實，因為差錯造成的影響和損失，需要付出雙倍甚至更多的代價才有可能彌補。因此，在我們開始行動之前，樹立一個「第一次就把事情做對」的行為準則很有必要，也是一個應該被重視的理念。如果我們要做一件有意義的事，並具備把它做好的條件，那就從一開始就做對、做好吧，才能讓自己的時間更有效益，讓自己成為一個高效的人。

「第一次就把事情做對」，不要對未來顧慮太多。因為害怕出錯，而過度計畫未來，遲遲不去行動，這是愚蠢的。

良好的開端等於成功的一半。做事情第一次就把事情做好。只有用高標準要求自己，才能提高做事的效率，爭取第一次就把事情做對，就不會有再三糾錯的後患了。

## ★正確面對成功途中的問題

## 第五章　人生的力量來自行動
正確面對成功途中的問題

在我們前行的過程中，總是伴隨著種種問題，在解決問題的過程中，我們不斷成長，並能最終走向成功。可以說，人的一生都是在經歷問題、解決問題的迴圈中度過。我們要想自己的行動有效，時間更有效率，就需要積極思考和解決遇到的問題。

愛因斯坦說過：不是我聰明，是因為我和問題周旋得比較多。所以說，不斷地發現問題並解決問題，才是成功的關鍵。

西方哲學史上有一個著名的故事，哲學家羅素問莫爾：「誰是你最好的學生？」莫爾毫不猶豫地回答：「維根斯坦。」「為什麼？」「因為在我的所有學生中，只有他在聽我的課時，總是流露出迷茫的神色，有一大堆問題。」

後來維根斯坦的名氣超過了羅素，有一次，有人問維根斯坦：「羅素為什麼落伍了？」他回答說：「因為他沒有問題了。」

其實成功並不難，就看你怎麼對待遇到的困難。

曾經有家公司因為一台機器故障而停產，於是請了一位工程師來修理。那位工程師在機器旁邊待了三天二夜，終於在那個出現故障的電機的某個部位用粉筆畫了一道。在他的指導下，維修人員打開處理，機器很快恢復了正常。事後，那位工程師向公司要一萬美元作為酬金，公司感到很難接受，對那位工程師說：「您只畫了一道，怎麼會值一萬美元？」那位工程師毫不含糊地說道：「畫一道只要一美元，而知道在哪裡畫，需要九千九百九十九美元。」

由此可見，解決問題的價值之高。當我們遇到問題的時候，如果主動積極地尋找答案，就能讓自己的生活有所突破。

不過在解決問題的時候，我們要將問題一次性解決，不要放過每一個細微處，這樣我們的時間會更有效率。

一次，耶穌帶著他的門徒彼得遠行，途中發現一塊破爛的馬蹄鐵，耶穌就讓彼得撿起來，不料彼得懶得彎腰，假裝沒聽見。耶穌沒說什麼，就自己彎腰撿起來，用它在鐵匠那兒換來三文錢，並用這三文錢買了十七八顆櫻桃。出了城，兩人繼續前進，經過茫茫荒野，耶穌猜到彼得很渴，就把藏在袖子裡的櫻桃悄悄地掉出一顆，彼得一見，趕緊撿起來吃。耶穌邊走邊丟，彼得就狼狽彎了十幾次腰。於是耶穌笑著對他說：「要是你剛才彎一次腰，就不會在後來一直彎腰了。小事不做，將在更小的事情上操勞。」

把問題一次性解決，就可以避免反反覆覆地打「補丁」，避免重複浪費。一個面對問題拖拖拉拉，不能徹底解決的人，得不到別人的信任和支持。

其實在很多時候，問題並不像我們想像得那麼複雜，只要我們凡事多用點心，就能把每件事情都做好，大踏步地邁向成功。

## ★有冒險的勇氣

人生當中，風險無處不在。成功者都是那些樂於迎戰風險的人，他們面對風險迎頭而上，最終取得成功。

成功離不開冒險，拒絕冒險和成長的人，終將被命運的潮流淘汰。

比爾蓋茲說：「所謂機會，就是嘗試新的、沒做過的事。可惜在微軟神話下，許多人要做的，僅僅是重複微軟的一切。這些不敢創新、不敢冒險的人，不了就會喪失競爭力，又哪來成功的機會呢？」

冒險是人類特有的一種精神氣質，是成功人士的基本素養，只有敢於冒險，才有成功的可能。要想在社會上立足，必須學會如何正確地看待風險，必須學會如何理智地去冒險，不能因為害怕被樹葉砸到頭，就永遠躲在家裡不出來。走出了冒險的第一步，你也就有了50％成功的可能。

五十多年前，一名中國青年隨著「闖南洋」的大軍來到馬來西亞，當他站在這片土地上時，口袋裡只剩下五塊錢。為了生存，他在這片土地上為橡膠園主割過橡膠、採過香蕉，為小飯店端過盤子。誰也不會想到，就是這樣一個年輕人，五十年後成為馬來西亞的一位億萬富翁。

很多人試圖找到他成功的祕密所在，但他們發現，他所擁有的機會跟大家都是一樣，唯一的區別是他敢於冒險。他可以在賺到十萬元的時候，把這十萬元全部投入到新產業當中，這在那個動盪的投資環境中，一般人是很難做到的。他就是馬來西亞人亨謝英福，他的創業史被馬來西亞人津津樂道。

馬來西亞首相馬哈地也熟知他。當時，馬來西亞有一家國營鋼鐵廠經營不景氣，虧損高達十五億元。首相找到他，請他擔任公司總裁，設法挽救該廠。

他爽快地答應了，在別人看來，這是一個錯誤的決定，因為鋼鐵廠積重難返，生產設備落後，員工凝聚力渙散。這是一個無底洞，無法用金錢填平。

謝英福卻坦然面對媒體，他說：「當年來到馬來西亞時，我口袋裡只有五塊錢，這個國家令我成功，現在是我報效國家的時候。如果我失敗了，那就等於損失了五塊錢。」

年近六旬的他從豪華的別墅裡搬了出來，來到了鋼鐵廠，在一個簡陋的宿舍辦公，他象徵性的薪水是馬來西亞幣一元。

三年過去了，企業扭虧為盈，營利達十三億元，而他也成為東南亞鋼鐵巨頭。他又成功了，贏得讓人心服口服。

謝英福面對成功，笑著說：「我只是撿回了我的五塊錢。」

在現代社會，風險越大，利潤就越大，所以人們才會不斷地去冒險。

冒險就是敢於抓住機遇，不錯失每一個機遇。

無論什麼事，如果把所有的風險都剔除，也就是把很多潛在的機會排除在外了。風險中孕育著機會，敢於正視風險、敢於冒險，無疑就更容易抓住成功的機會。

日本的大都不動產公司的創始人渡邊正雄，曾是一個小商人，他發現不動產業是一個很有前途的行業，想去經營，但一沒資金，二沒經驗，他決定去大藏不動產公司工作，以便學習經驗，為自己創業打下基礎。可大藏公司不想接受他。無奈之下，他要求在大藏公司免薪工作一年。這一年，渡邊拚命工作，掌握了大量的資訊和經驗。在大藏公司想高薪聘用他時，他卻離開了，他千方百計籌集了一些資金，開始從事經營房地產生意。

渡邊免薪工作之舉，看起來好像不算什麼，但對於十分貧窮的渡邊來說，卻是冒著極大的風險。

創業之初，有人向渡邊推薦土地，那是一塊有幾百萬平方公尺、價格便宜的土地，當時人跡罕至，沒有道路，沒有公共設施，但這塊土地與天皇御用地鄰近，能讓人感覺好像與帝王生活在同一環境裡，能提高個人的身分，滿足人的虛榮心。

這塊地的主人向所有的房地產公司推銷，沒人願意買。渡邊傾力籌借資金，先付部分押金，果斷地把地買下。同行都嘲笑他是傻瓜，親戚朋友也為他的冒險擔心。渡邊毫不介意，緊緊地抓住了這個機會不放。

第二次世界大戰後的日本，經濟開始迅速發展。人們的收入增加，大家逐步對城市的雜訊和汙染感到厭惡，嚮往大自然。渡邊買下的這塊土地充滿了泥土的氣息和寧靜的景色，逐漸有人感興趣了。渡邊乘勢在報刊上大肆宣傳那裡的優美環境，招引一些富裕階層前來訂購別墅和果園。

一年左右的時間，渡邊就把這塊幾百萬平方公尺的土地賣掉了八成，他一下子賺到了五十億日元。他利用賺來的錢投資修建道路、整地，並將剩下的兩成土地蓋成一棟棟別墅；經過三年的時間，那塊土地變成了一個漂亮的別墅城市，渡邊所賺的錢也達到了數百億日元之多。

渡邊在總結自己的成功經驗時說：「我之所以能夠成功，就是因為我敢於冒險。我在選擇一個投資項目時，如果別人都說可行，這就不是機會——大家都能看見的機會不是機會，我每次選擇的都是別人說不行的項目，只有別人還沒有發現，而你卻發現的機會，才是黃金機會。儘管這樣做很冒險，但不冒險就沒有成功，只要有50％的希望就值得冒險。」

冒險，是挑戰成功的第一步。不管路途多麼遙遠、兇險，無論面臨怎樣的困境，我們都要堅持一種大無畏的英勇精神，跌倒了，義無反顧地爬起來前進，有執著和不懈奮鬥的精神，這才是人們唯一的成功之路。敢冒最大風險的人，才能實現自己人生最大的價值。

# 第六章　人際關係與良性競爭

## ★有序競爭，講究規則

現在的社會節奏快，競爭激烈。要想在競爭中勝出，在這個社會立足，就必須學會適應這個充滿競爭的環境，但是，在競爭中，我們也要講究一定的秩序，要遵循規則。

虎大王的府邸需要一名守衛，虎大王決定採取公開應徵的辦法來確定守衛人選。在發出相關應徵的通知後，動物們紛紛報名。經過層層篩選，黃牛、狐狸、老鼠勝出，進入最後的選拔。這三名動物各有所長，都身手不凡。黃牛力大無窮，且忠心耿耿；狐狸聰明絕頂，行動敏捷；老鼠十分機警，且善於打洞。總之，三位都是動物中的佼佼者，誰都有能力勝任守衛一職。然而，守衛的名額只有一個，只能採取公平競爭的方式選拔。

最後的選拔採取現場比賽的辦法。比賽的內容是：三名競爭者從山底出發，奔向山頂那棵老松樹，要求沿著山間那條羊腸小徑奔向目標。這條羊腸小徑彎彎曲曲，是老弱病殘者常走的路。

比賽開始了。狐狸沿著羊腸小徑飛奔一陣後，心想，我能找到一百條通向山頂老松樹的路，哪條路都比那條羊腸小徑近。牠向四周瞭望，沒有看到其他動物，於是，牠迅速離開羊腸小徑，沿著一條捷徑奔向山頂。

老鼠沿著羊腸小徑跑了一陣後，心想，傻瓜才按規定的路線跑呢，牠很熟練地鑽進路旁的一個地洞，這洞直通山頂。黃牛則不然，黃牛也能找到通往山頂的捷徑，但牠想，比賽規定是沿著羊腸小徑奔向山頂，如果走捷徑那就是欺詐行為，而黃牛的處事原則是不欺詐。這個原則，黃牛在任何時候都不會放棄。

老鼠第一個到達老松樹下，露出了得意的微笑，好像在說：看，我贏了。狐狸第二個到達目的地，牠看到老鼠先到了，露出不服氣的神情。黃牛最後一個到達山頂，它看了看先到的老鼠和狐狸，心裡很平靜，牠早已料到了這一結果。

虎大王早已等候在山頂。三名動物到達山頂後，牠宣布比賽結果：黃牛勝利，守衛一職由黃牛擔當。老鼠、狐狸都表示不服，向虎大王要求有個說法。

只見虎大王不疾不徐地說：「這次比賽比的是誰能遵守規則，規則比速度更重要，你們懂嗎？」聞聽此言，大家如夢方醒。

在社會這個大家庭中，需要一些既定的規則來約束人們的行為。競爭雖然殘酷無情、不講情面，但是競爭的規則卻不容隨意踐踏。如果破壞了共同遵守的競爭規則，有序變成了無序，競爭變成了亂爭，那麼在無規則的混亂狀態下，最終受傷的還是我們自己。其實，從某種意義上來說，規則是約束，更是保護。

## ★不做盲目、無謂的競爭

在快節奏的現代社會，競爭是一個主旋律。但是，我們對競爭要有一個全面的認識，不要讓自己在盲目、無謂的競爭中浪費時間和精力。

一名猶太商人移民到了澳洲，在墨爾本街上做起老本生意，開了一家超市，對街正好有一家義大利人開的超市，免不了相互競爭。

義大利人先沉不住氣，在店門口的黑板上寫了幾個大字：火腿，每磅只賣五角。對街猶太人看了立

# 第六章　人際關係與良性競爭

## 不做盲目、無謂的競爭

即回應，也在店門口豎了個牌子，寫著：一磅四角。義大利人看到後趕緊降價：火腿，一磅三角五分錢。猶太人也跟著換招牌：一磅三角錢。

義大利人忍無可忍，衝到猶太人店裡，說：「哪有你這樣做生意的？這樣下去我們都會破產。」猶太人說：「我看只有你才會破產，不是『我們』。我的店根本不賣火腿，連我也不知道一磅三角賣的是什麼東西。」

想必義大利人會對自己之前的盲目行為後悔。他根本沒有了解清楚情況，也不知道自己的競爭點在哪裡，所以最終處在被動尷尬的境地。可見，盲目的競爭是愚蠢並且危險的。

還有這樣一則故事：

猴子發現老虎向山上走去，心想，山上一定有鮮美的桃林，否則老虎不會離開家園，不辭辛苦地往山上爬。

猴子抄近路，飛一般地搶在老虎前面。翻過一座山後，果然有一片桃林出現在眼前。猴子怕老虎來爭吃桃子，趕快爬到樹上，把桃子全搖落下來，然後將桃子藏到草叢中。

隨後，猴子躲在一旁的大樹後面，偷偷觀察著老虎的行動。老虎從這裡經過時，仍是毫不停留地走著。猴子的心中又暗暗嘀咕起來：前面一定有更好的桃林，要不，老虎還會繼續前行嗎？

猴子又抄近路，飛一般地搶在老虎前面。果然，又有一片更大更好的桃林出現在它的眼前。牠趕快搖落了樹上的桃子，將桃子藏在草叢中。

老虎仍然一步一步地走著自己的路，在一座四周極開闊的山頭上，老虎停了下來，四下張望，一切盡收眼底，選好自己要獵取的目標、角度、時機，飛速地撲了下去這時，躲在不遠處的猴子才明白：

原來，老虎所要尋找的並不是桃子。猴子趕緊順著原路往回跑，可是，那藏在草叢中的一堆堆桃子已被螞蟻、蟲子啃食得不成樣子，有的已被別的動物搬走了，也有的已經壞掉了。

看來，盲目無謂的競爭實在是要不得，它不僅浪費時間，也使我們錯失了原本屬於自己的東西。很多時候，我們要有一種「不爭」的智慧。並不是說不行動，而是要不動聲色，分析清楚情況和形勢，不做無謂的鬥爭。無謂的爭鬥最得不償失，只會讓我們白白消耗精力，失去前進的方向。

就算再博學的人，也不能完全了解世間萬象；再聰明的頭腦，也跟不上萬物變化的步伐。所以老子要求我們「以靜制動」、「以不變應萬變」、「大智若愚」，這是掌握世間萬物、掌握自己的一種大智慧。

在日常生活和工作中，我們要審視自己是否有把精力浪費在無謂的競爭中，千萬不能讓無謂的競爭使自己失去一些原本可能得到的成果。不做盲目、無謂的競爭，我們的努力會更有成效。

## ★把對手當作前進的動力

競爭在我們的生活中無處不在，社會上的資源有限，有時候，為了同一個目標和目的，人與人之間就要分出勝負，勝的人才能享有特權。

正因為有了對手，我們才時刻警惕。當我們棋逢對手時，輸贏早已置之度外，心中所想的是如何融入其中，以認真謹慎的態度走好每一步，這樣做帶給我們的力量是非凡的。毫無疑問，對手的存在會給我們壓力，這種壓力能夠促使我們集中自己的全部力量奮鬥，並絞盡腦汁去想辦法使自己成為贏家。對手的存在，鞭策著我們在各個方面不斷提高。

# 第六章　人際關係與良性競爭

## 把對手當作前進的動力

古人云：「生於憂患，死於安樂。」如果我們不想死在安樂中，只有一條路，那就是在對手的壓力中奮鬥，透過自己的不斷努力和奮鬥，我們會不斷進步和強大。

在人生的旅途中，我們需要對手，生活若缺少了競爭的樂趣，就失去了一些色彩。因為對手帶給我們的，除了壓力之外，更多的是一種前進的緊迫意識和動力。

一位世界著名的長跑教練，當他被問及是如何訓練隊員的時候，他幽默地答道：「教練不是我，是那群狼。」記者不解，問其緣故時，他便講述了如下一件事。

他的訓練基地在一處僻靜的山上，他要求隊員按規定時間從家跑步到訓練地，並計時。他有一位隊員經常遲到，一日，這位隊員忽然第一個到，並且大汗淋漓、氣喘吁吁。教練一看計時表，為他的速度驚呆了，那位隊員結結巴巴地告訴教練他半路遇見狼了，他拚命地跑，才將狼甩掉。於是，教練在訓練處養了一群狼，用皮套套住嘴，每天「訓練」牠們，結果，這些隊員屢次在各種長跑比賽中獲獎。

無獨有偶，一位游泳教練，在游泳池中養了幾條鱷魚，待隊員們游了一段後，便開始放出鱷魚，即使鱷魚嘴上套著皮套，回頭看看那兇惡的樣子，誰心裡不發毛，只好拚命地往前游，效果自然不言而喻。

由此可以看出，任何人或事都存在相互依存的關係。敵人是成功者的陪練，敵人讓我們在經歷鬥爭的過程中優秀和成長。敵人能夠啟動我們的最大潛能，創造出最好的成績。沒有了敵人，我們也許走不了那麼遠；沒有了敵人，也許我們會失去部分前進的動力。

從某種程度上來說，「對手就是你最好的朋友」。在與對手的對比中，我們才能明白自己的缺點，才能找到突破的關鍵。所以，我們在生活中要想方設法地找到對手的高明之處，向對手學習，然後讓自己變得更加厲害，這樣才有可能超越另一個更強大的對手，這就是對手給我們帶來的價值。

動物沒有對手，就會變得死氣沉沉，甚至死亡。我們也一樣，如果沒有了對手，就會沉迷於自己的現狀，不思進取，甘於平庸。

其實，對手與自己就像被放在天平兩端的物體一樣，互相驗證著對方的生命價值。一旦失去了對手，天平就會失去平衡，我們自身生命的重量，也會隨之減輕。我們和對手共同構成了一個「人生磁場」，所有的生命力和人生的價值都在這個磁場中盡情地展現和釋放。而作為磁場的兩極，我們和對手儘管互相矛盾對立，卻絕對不能分開！

「沒有高壓，就沒有高水準」，自身的潛力只有在競爭中才會展現出來。其動力來自對手，所以，我們要時刻提醒自己把對手當作前進的動力。

## ★有為對手叫好的涵養

在平常的生活中，我們對自己的成功總是興奮不已，但當我們的競爭對手成功時，我們還能以欣賞的情懷和心態去發現、審視和對待嗎？這時候，我們要有一種為自己的對手叫好的胸懷，真誠地欣賞和祝賀對方，這樣做即使不能消除彼此之間的不滿和成見，也能改變對方的態度，獲得他的支持。

一九九一年十一月三日夜，美國大選揭曉。柯林頓當選後在競選總部前，在他的支持者聚會上發表即席演說，先是言辭懇切感謝昨天還在互相唇槍舌劍、猛烈攻擊的主要政敵現任總統布希，感謝布希從一名戰士到一位總統期間為美國的出色服務，並呼籲布希和另一位對手佩羅及其支持者與他團結合作，未來四年，在全面振興美國的大變革中，繼續忠誠地服務於祖國。

而遠在異地的布希則打電話祝賀柯林頓，成功地完成了「強而有力的競選」，他還調侃地告誡柯林頓：「白宮是個累人的地方。」並保證他本人和白宮各級人士將全力以赴地與柯林頓的團隊合作，順利完成交接。

兩位政界要人之間的客氣，其實是一種大度的競爭。競選的成功與失敗，對於布希和柯林頓來說，歡樂與悲哀都不言而喻，但在現實面前，兩個對手非常理智，為雙方的成績表現出了超然的風度。

一位成功人士說：「為競爭對手叫好，並不代表自己就是弱者。為競爭對手叫好，非但不會損傷自尊心，相反還會獲得友誼與合作。」為競爭對手叫好是一種美德，你付出了讚美，得到的是感激；為競爭對手叫好是一種智慧，因為你在欣賞他們的同時，也在不斷地提升和完善自我；為競爭對手叫好是一種修養，為競爭對手讚美的過程，也是自己矯正自私與妒忌心理，培養風範的過程。」

亞歷山大和大流士在伊薩斯上展開激烈大戰，大流士失敗後逃走了。一個僕人想辦法逃到大流士那裡，大流士詢問自己的母親、妻子和孩子們是否活著，僕人回答道：「他們都還活著，而且人們對她們的殷勤禮遇跟您在位時一模一樣。」

大流士聽完之後，又問他的妻子是否仍忠貞於他，僕人的回答仍是肯定的。於是他又問亞歷山大是否曾對她強施無禮，僕人先發誓，隨後說：「大王陛下，您的王后跟您離開時一樣，亞歷山大是最高尚的人，是最能控制自己的英雄。」

大流士聽完僕人的話，雙手合十，對著蒼天祈禱說：「啊宙斯！您掌握著人世間帝王的興衰大事。既然您把波斯和米地亞的主權交給了我，我祈求您，如果可能，就保佑這個主權天長地久；但是如果我不能繼續稱王，我祈禱您千萬別把這個主權交給別人，只能交給亞歷山大，因為他的行為高尚無比，對敵人也不例外。」

為自己叫好容易，為別人叫好困難，為對手叫好更困難。生活中有許多人只知為自己的進步和成功歡呼，對別人尤其是對競爭對手的成功無動於衷。為對手叫好，是一種美德，一種智慧，一種修養，這些是我們處世的資本。

## ★寬厚大度，消除嫉妒

嫉妒心人人都有，這是對別人的成功，產生的一種抵觸、消極的情緒。黑格爾曾說，嫉妒是「平庸的情調對於卓越才能的反感」。英國哲學家史賓諾沙說：「嫉妒是一種恨，這種恨使人對他人的幸福感到痛苦，對他人的災難感到快樂。」可見，嫉妒是人的一種弱點與缺陷。嫉妒者不能容忍別人超過自己，害怕別人得到自己無法得到的名譽、地位等。在他看來，自己辦不到的事情別人也不能辦成，自己得不到的東西，別人也不能得到，嫉妒心太強的人做不成大事。

戰國時期，龐涓與孫臏本是同窗，又結為兄弟，同拜鬼谷子學習兵法。後來，他倆都到魏國當官，龐涓當了大將，孫臏做了客卿。孫臏光明磊落、足智多謀。而龐涓生性驕妒、陰險毒辣。他想：「孫子之才，大勝於吾，若不除之，異日必為欺壓。」於是進讒言，下毒手，誣陷孫臏私通齊國，挖掉了他的膝蓋骨，使其終身殘疾，還想騙他寫出兵書後，再害其性命。後來孫臏得知真相，佯裝瘋癲，被救入齊，得到齊王重用，帶領齊兵攻打魏國，並在馬陵之戰時預設伏兵，派人把一棵大樹削去樹皮，寫上「龐涓死於此樹下」幾個大字。龐涓於夜色蒼茫中來到大樹下面，由於看不清樹上的字，便點燃火把照明，字還沒有念完，齊軍萬弩齊發，魏軍大亂。龐涓知道自己的智謀鬥不過孫臏，這一仗已經輸定，只好自刎而死。

龐涓因嫉妒加害於孫臏，沒想到孫臏以計謀將龐涓殺死。龐涓正是機關算盡太聰明，反誤了卿卿性命。

所以，嫉妒的人會讓自己走進死胡同，最終讓自己成為一個悲哀的失敗者。任何時候，我們都需要用一種大度的胸懷去戰勝自己內心的嫉妒，這樣我們能給別人一個成功的機會，也為自己打開成功的另一扇門。真正的成功者不會嫉妒他人，因為他們心懷寬廣，不會讓自己被別人的成功限制住。

法國大作家巴爾扎克讀了司湯達的長篇小說《帕爾瑪修道院》裡描寫滑鐵盧戰役的一章後，在寫給朋友的一封信中說：「我簡直起了妒忌心。是的，我禁不住一陣醋意湧上心頭，我為軍人生活（我的作品最困難的部分）夢想的戰爭，如今被人家寫得這樣高超、真實，我是又喜又痛苦，又迷茫又絕望。」

不過巴爾扎克很快就從嫉妒的痛苦中掙脫出來。第二年，他寫了《司湯達研究》一書，對《帕爾瑪修道院》大加讚賞。當時許多人都對巴爾扎克的做法不理解，有人甚至誣衊他受了司湯達的賄賂。巴爾扎克坦蕩地說：「我寫那篇談論司湯達的文章，是大公無私、誠心實意的。」

在《司湯達研究》一書的封面上，不但印著一個咖啡壺，還有巴爾扎克的一句話：「就是這個咖啡壺，支持我一天最多寫十六小時，最少也寫十二小時的文章。」

一個人會嫉妒，根本的原因就是沒有自信，巴爾扎克是想透過咖啡壺告訴大家：我不會嫉妒司湯達的成功，我要用自己的努力爭取勝利。

嫉妒是無能的表現，因為自己不能達到對方的成就，獲得對方所獲得的榮譽，只好用嫉妒維護自己可憐的自尊。嫉妒心使人承受著雙重痛苦：一方面為自己的失敗或不幸感到痛苦，另一方面為別人的成功或幸福感到痛苦。沒完沒了的嫉妒，會使你永不得翻身，永遠達不到成功的彼岸，因此，渴望成功的每一個人，都要學會克服嫉妒心理。

克服嫉妒心理，就需要冷靜地分析自己的想法和行為，同時客觀評價一下自己，從而找出差距和問題。當認清了自己之後，再重新評價別人，自然也就能夠有所覺悟了。

真正成功的人，既不會嫉妒他人的機遇，也不會嫉妒他人的才華，就像鄭板橋讚袁枚那樣：「室藏美婦鄰誇豔，君有奇才我不貪。」我不貪就是我不嫉妒，這就是鄭板橋後來超過袁枚、走向成功的經驗談。這種豁達大度的氣量，是一名成功者不可或缺的態度。

一個人要想成功，必須具備雙贏的競爭意識，不能直盯著自己的利益得失。當你看淡名利、金錢和欲望的時候，就不會受嫉妒折磨，成功就會變得越來越容易。對於已經先於自己成功的人，不要嫉妒，假如真誠欣賞他，虛心學習，這樣就能分享他人成功的經驗，而不是讓自己在嫉妒中枯萎。其實，世界這麼大，人生的路這麼長，上帝肯定不會限制成功的人數。所以，面對別人的成功，不嫉妒，微笑著去接受吧。

## ★獲得他人支持

個人的力量始終有限，要做大事，就要有他人支持。因此在我們的生活中，要注重建立自己良好的人際關係，在關鍵時刻能夠得到幫助。

張國志畢業於名校，跳槽到某公司市場部就職。由於他扎實的專業知識、大公司裡累積的工作經驗，大方開朗的他深得主管青睞。一次，公司在內部廣徵市場拓展方案，經理在分配給他任務時，還特別提醒：作為嘗試，張國志等幾名「後起之秀」可以每人單獨完成一份，也可以幾個人合作完成一份。因為有在大公司工作的經驗，以及對市場行情的自身把握，張國志決定單挑，他花了整整一個星期的時間，細斟慢酌，完成了「大作」。

報告呈上後，經理的評價出乎他的意料：「缺少了當地語系的東西，操作性不強。不過，你的視野很開闊。」之後，經理把幾名「後起之秀」召集到一起，讓他們互相分析彼此的方案。在經理的「撮合」下，他們重構了各自方案中的亮點，結果，新方案被老總評優，列為備選的最終方案之一。想著自己能與資深員工「並駕齊驅」，這些「後起之秀」非常高興。

事後，經理指出，他就是想讓這幾名年輕人能夠合作，取長補短。不料，他們竟然都選擇了單兵作戰。張國志也透過這次事件，不由感慨：「想要盡快成長，還是得注重協作和請教，否則，欲速則不達啊。」

這告訴我們，團隊的力量最強大，我們每一個人都要有合作精神。一個大項目或一個難度比較高的事情，往往僅靠個人的力量很難完成，想要成功將事情做好，就必須有一群有共同目標的人共同努力。

凡事集眾人之所長，團結一致，緊密聯合，互相協助才能走向成功。團結就是力量，合作就是力量。想以最快的速度把一件事情做好，需要團隊努力。卡內基曾說：「一個人的成功，只有15%是由於他的專業技術，而85%則要靠人際關係和他為人處世的能力。」

寧波的雅戈爾成衣有限公司之所以能取得成功，就在於其領導人李如成不斷尋找合作夥伴，從而加快了成功的腳步。

一九八〇年代初，李如成的雅戈爾還是個連薪水都發不出的爛攤子，這時，李如成的一個朋友告訴他：吉林遼源經編廠有一批經編滌綸布要加工回銷，客戶尚未確定。李如成立即趕到遼源，苦口婆心地與對方商談，終於把一百多噸經編滌綸布的加工業務拉回來。他日夜加班趕製，當年便獲利五十萬元，工廠從此也擺脫了「山重水複疑無路」的境地。

到了一九九〇年代，李如成的公司已初具規模。這時，李如成又看好了中國高級襯衫的空白市場，決定合資開工廠、更新設備、創造名牌，但苦於一時找不到合資夥伴，正在這個時候，他又得到一位朋友的資訊：澳門南光國際貿易公司副經理曹貞女士正在杭州，想在大陸尋找一個合作夥伴。李如成立即驅車直奔杭州，千方百計找到曹貞女士，並說服她去寧波看看。這一看，給曹女士留下了深刻的印象，使她一反常規，打破了南光公司過去只貿易不投資辦實體的慣例，立即答應與李如成合資開工廠。從此，李如成把自己的「雅戈爾」經營得生氣勃勃，真正開始了飛躍歷程。

是的，如果沒有合作，只靠李如成一個人的力量，雅戈爾也許就不會有後來的輝煌了。任何一個成功的精英人物，都不是單槍匹馬地成功，他們身後肯定有一個緊密協作的團隊。

因此，我們要相信：善於跟人合作，集大家智慧，才能有大作為。

## ★給自己和他人留餘地

知人不必言盡，留三分餘地於人。這是生活中的一個處世大智慧，那些只想獲得、不想施與的人，一般都不會有很好的人脈關係；假如你事事計較，為了自己的利益機關算盡，不給對方留一點餘地，最終也會讓自己沒有立足之地，處在尷尬的境地。

一天，閻羅王對兩個小鬼說：「你們兩個可以到人間投胎做人了，現在我手裡有兩個名額，一個一生都要忙著替別人東西；另一個呢，一生都從別人那裡拿東西，你們願意做哪一個啊？」

小鬼甲搶先跪下來說：「閻王老爺，我要做那個一生從別人那兒拿東西的人。」小鬼乙只好讓步，選擇了一生都要給予的那一個。

閻羅王也不囉唆，撫尺一振，宣判道：「小鬼甲投胎到人間做乞丐，到處向別人要東西吃；小鬼乙投胎到富裕厚德的人家，時常布施周濟別人。」

上例說明，你有什麼樣的胸懷，就會有什麼樣的所得，你只想著獲得，最終會失去自我，而如果你多想著付出，就會成為一個擁有財富的人。

紅頂商人胡雪巖的非同一般之處，就在於他深諳「任何時候都要留餘地」的道理，即使屬下犯了不可饒恕的錯誤，他也能夠寬厚待人，給人改過自新的機會。

他有一個手下叫朱福年，為人做事十分不道地。朱福年拿了東家寵二的銀子，寵二自然不能容忍。依寵二的想法，一定要徹底查清朱福年的問題，並狠狠整治他，然後將他掃地出門；胡雪巖卻覺得這樣做太絕，不妥當。

胡雪巖找到朱福年，開誠布公地說：「福年兄，你我初次共事，恐怕你還不大了解我的為人。我的宗旨一向是有飯大家吃，不但吃得飽，還要吃得好。所以，我絕不會不留餘地。不過做生意跟打仗一樣，總要同心協力，人人肯拚命，才會成功。過去的都不用說了，以後看你自己。你只要肯盡心盡力，不管心血花在明處還是暗處，我都能夠看到，也不會抹殺你的功勞。我一定會幫你說話。也許你看得起我，將來願意跟我一起來打天下，只要你們二少爺肯放你，我歡迎之至。」

胡雪巖還特意留出一些時間，讓朱福年暗中檢點帳目，有意放他了一條生路。後來，朱福年對胡雪巖的寬宏大度感激不盡，變得非常恭順。

這就告訴我們，凡事留餘地，必能給自己帶來一份意料之外的收穫。

巴爾塔沙．葛拉西安在《智慧書》中寫道：「把對的推向極端，它就成了錯的；把甜橙的汁水榨乾，它就成了苦的。即使是賞心樂事，也絕不要走極端。思想敏銳過頭，就是遲鈍；牛奶擠太多，最終擠出的是血，而不是奶。」

什麼事都要適度，一旦超過這個度，就會產生過猶不及的後果。多給人留餘地，這樣做不是僅僅為對方考慮，對對方有益，更是為自己考慮、對自己有益，是一件雙贏的事。

餘地是人際關係的潤滑劑。生活中，留一點餘地給得罪你的人，不要將對方逼的走投無路，給別人重新來過的機會，少講兩句，得理且饒人，對方可能就會心存感激；得理不饒人，就有可能激起對方「求生」的意志，對方就有可能對你不擇手段。所以即使在別人理虧時，也學會給人台階下，一條退路走，善待他人，就是善待自己。

逢人且說三分話，未可全拋一片心。做事留有餘地是一種美德，是一種智慧，是一份情懷。所以，聰明的人總是行止有度。為別人留餘地就是給自己留了後路，不給別人留餘地或許會把自己逼上絕路，所以做事要「留一手」。

在這個競爭激烈的社會，萬不可使某一事物發展到極端，而應在發展的過程中充分認識其各種可能性，以便有足夠的條件和餘地採取機動的應付措施，才能最完美無損的保全自己，才能在未來的人生旅途中進退有據。

## ★學會情感投資

人是感情動物，講究情義。所以，若想跟周圍的人打好關係，就必須有適當的情感投資。古語有云：「牛當隕首，死當結草」、「士為知己者死，女為悅己者容」，這就是「感情效應」的結果。有這樣一個著名的理論：你想要別人怎樣對你，你就要怎樣去對別人。因此，你要想取得別人的幫助和支持，就要先付出愛和真情，就要經常感情投資。

吳起是戰國時期著名的軍事家，他在擔任魏軍統帥時，與士卒同甘共苦，深受士兵擁戴。有一次，一位士兵因為胸前生了腫瘤，吳起毫不猶豫地將其膿汁吸出。後來，士兵的母親知道了，忽然放聲痛哭。別人問：「你的兒子不過是小小的士兵，蒙將軍親自把膿吸出，你傷心什麼？」那母親回答：「孩子他爹早年也蒙吳將軍吸出膿汁，追隨將軍報恩，最後戰死沙場；如今將軍為小兒吸出膿汁，這不是說明我兒子也將步他爹的後塵嗎？」

人非草木，孰能無情，吳起「愛兵如子」的做法，使得他與敵軍交戰時，每戰必勝，將士個個盡心竭力地為他效命。

其實，吳起絕不是一個通人情、重感情的人。他為了謀取功名，背井離鄉，母親死了，他也不還鄉安葬；他本來娶了齊國的女子為妻，為了能當上魯國統帥，竟殺死了自己的妻子，以消除魯國國君的疑心，所以史書說他是一個殘忍之人。可就是這麼一個人，對士兵卻關懷備至，像吸膿血的事，父子之間都很難做到，他卻一而再、再而三地去做，難道他真的是獨獨鍾情於士兵，視兵如子嗎？自然不是，他這麼做的唯一目的，就是要讓士兵在戰場上為他賣命。

因此，懂得情感投資的人是明智的。俗話說種瓜得瓜，種豆得豆，相信只要我們付出真心，願意投入情感，就能得到豐厚的回報。若想獲得別人的認可和支援，我們要將自己的真心展示給他人，讓他人感覺受到尊重和重視，才能贏得他人的真心。

在人生中，總需要外力來助你一臂之力；急需一座或數座橋梁，來為事業理想、生意往來、生存之道互通有無。你一定渴望自己的人生能一次又一次的跨越。當然，你能走多遠，取決於你擁有多大的人際影響力。

美國企業的管理階級，平均用四分之三的時間在處理人際關係上，他們認為建構人際關係網路並不是什麼神祕或見不得人的事，善於與人打交道，也並不局限於生來就有某種魅力的人，對大多數人來說，與人保持良好的人際關係都是後天學習得來的。

《紐約時報》的記者採訪美國前總統柯林頓，詢問他是如何保持自己的政治關係網，柯林頓回答：「每天晚上睡覺前，我會在一張卡片上列出我當天聯繫過的每一個人，注明重要細節、時間、會晤地點和其他一些相關資訊，然後添加到祕書為我建立的關係網資料庫中。這些年來朋友幫了我不少忙。」

這些都說明，若想成功地建立自己的關係網絡，就必須與他人保持「連線」。不要等有了麻煩才想到去找人，平時卻老死不相往來。關係就像一把刀，常磨常新，在日常生活中多多情感投資，總有一天能收穫豐碩的果實。

## ★給足他人面子

人們都好面子，給別人面子，自己才會有面子。就算你再優秀，也不要忘了給別人留些面子，這樣我們才會得到他人的尊敬，才能順利地解決一些麻煩。

勞利是紐約一家木材公司的推銷員，他多年來經常與那些冷酷無情的木材審察員打交道，常常發生爭執，雖然最後的結果往往是他贏，但公司卻總是賠錢。為此他改變策略，不再與別人發生口角。結果呢？下面是他講的一段經歷。

一天早上，他辦公室的電話響了，一個人急躁不安地在電話裡通知他說，勞利運去的一車木材都不合格，他們已停止卸貨，要求勞利立即把貨從他們貨場運回。原來在木材卸下四分之一時，他們的木材審察員報告說，這批木材低於標準50%，鑒於這種情況，他們拒絕接受木材。勞利立刻動身向那家工廠趕去，一路上想著怎樣才能最妥當地應付這種局面。通常在這種情況下，他一定會根據做了多年木材審察員的經驗與知識，力圖使對方相信這些木材達到了標準，錯的是對方。

然而這次他決定改變做法，打算用新近學會的「說話」原則去處理問題。勞利趕到場地，看見對方的採購員和審察員一副揶揄神態，擺開架勢準備吵架。勞利陪他們一起走到卸了一部分的貨車旁，詢問他們是否可以繼續卸貨，這樣勞利可以看一下情況到底怎樣。勞利還讓審察員像剛才那樣，將要退的木材堆在一邊，把好的堆在另一邊。

看了一會兒勞利就發現，這種木材是白松，審察員對硬木很內行，卻不懂白松木，而白松木恰好是勞利的專長。不過勞利一點也沒有表示反對他的木材分類方式。勞利一邊觀察，一邊問了幾個問題。勞利提問時顯得非常友好、合作，並說他們完全有權把不合格的木材挑出來。

這樣一來審察員變得熱情起來，他們之間的緊張開始消除。漸漸地，審察員整個態度改變了，他終於承認自己對白松毫無經驗，開始對每一塊木材重新審察，並虛心徵求勞利的看法。

結果是他們接受了全部木材，勞利拿到了全價支票。

由此可見，在做任何事情的時候，我們都要講究婉轉，給他人留足夠的面子。培根說：「言語是微妙的東西，它既是人類交際不可或缺，也是不可過於計較。如果把言語看得高於一切，結果就會失去人與人之間真誠的信任。因此在語言交際中要能達到一種分寸，使之既直爽又不失禮，這是最難又是最好的。」在外交上，委婉含蓄的語言往往更意蘊深刻。

婉言還可以給對方一個台階，避免形成僵局。婉言能夠巧妙地表情達意，既能讓對方聽出弦外之音，又不傷彼此和氣，我們何樂而不為呢？

每個人都要面子，而且也都希望自己有面子，有面子讓人覺得被重視，有優越感。

西遊記中的孫悟空大鬧天宮，十萬天兵天將都拿他沒有辦法，結果還是太白金星出了主意，封了他個「弼馬溫」的官。就這麼個不入流的小官，讓孫悟空的心理得到了極大的滿足，志得意滿地做起了「弼馬溫」。如果不是後來天馬監的官員有點仗勢欺人，使孫悟空知道了真相，也許他就不會再次大鬧天宮了。

知道了真相的孫悟空又大鬧天宮，返回花果山做起了齊天大聖，結果托塔李天王、哪吒三太子都拿他不住，最後只好封他做了個「齊天大聖」的虛職，讓他管理王母娘娘的蟠桃園。雖然沒有什麼權力，但是這個「齊天大聖」的頭銜也讓孫悟空感到很有面子，也著實安分守己了一段時間。

一個「齊天大聖」的虛職就能讓孫悟空心滿意足，由此可見，無論是什麼人，都渴望自己在別人面前有尊嚴和體面。

所以無論做什麼事，都要懂得如何照顧別人的面子。給他人留一點面子，是我們日常交往中的一個重要的法則。任何時候都不要傷害別人的面子，給足他人面子，就是給我們自己面子，懂得給他人面子的人，才能讓自己更有面子。

## ★用團隊合作贏得競爭

當今是一個快節奏、競爭激烈的社會。當然，有競爭就有合作，有些事，只有一起合作才能完成得更加出色。

在我們的日常生活中，合作也有著舉足輕重的作用，團隊合作精神每個人都需要，「三個臭皮匠，勝過一個諸葛亮」，說的就是這個道理。

合作能集中大家的力量，發揮更大的功效，得到事半功倍的效果。雖然成功是要經過同樣困難才能實現，但一旦沒有合作，就像火車離開了軌道、魚兒離開了水、機器離開了電一樣，再怎麼奮鬥也是竹籃打水一場空。

上帝創造了人類後，隨著人類的增多，上帝開始擔憂，他怕人類不團結會使世界大亂，從而影響穩定的生活。為了檢驗人類之間是否具備團結協作、互幫互助的意識，上帝做了一個實驗：他把人類分為兩批，在每批人的面前都放了一大堆美味的食物，卻給每個人發了一雙細長的筷子，要求他們在規定的時間內，把桌上的食物全部吃完，並不許有任何的浪費。

比賽開始了，第一批人各自為政，只顧拚命地用筷子夾取食物往自己的嘴裡送，但因筷子太長，總是無法碰到自己的嘴，而且因為你爭我搶，造成了食物極大的浪費。上帝看到後，搖了搖頭，為此感到失望。

輪到第二批人開始了，他們一上來並沒有急著要用筷子，而是圍坐成了一個圓圈，先用自己的筷子夾取食物送到坐在自己對面的人的嘴裡，然後，由坐在自己對面的人用筷子夾取食物送到自己的嘴裡，就這樣，每個人都在規定的時間內吃到了整桌的食物，並絲毫沒有浪費。第二批人不僅僅享受了美味，還獲得了彼此的信任和好感。上帝看了點點頭，為此感到滿意。

由此可見，合作精神能讓我們完成一些原本難以完成的任務，一個人要是只考慮自己，不願意與他人合作，最終會是一個失敗者。

那些願意與他人合作的人，才會是最終的贏家。合作，讓分工更細，讓目的更明確。

有個老太太找了幾個孩子，讓他們玩一個遊戲：她將幾顆拴著細線的小球放進一個瓶子裡，瓶口很小，一次只能使一顆小球通過。

她說：「這是一個火災現場，每個人只有逃出瓶子才能活下去。」

她讓每個孩子各拿一根細線，時間開始了，只見幾個孩子從小到大，依次將小球取出來了。

老太太很驚訝，她做過很多次這個實驗，但是沒有一次成功過，那些孩子無一例外地，爭先恐後地把細線拚命往上拉，最後導致一堆小球堵在瓶口！

孫中山先生說：「物種以競爭為原則，人類以合作為原則，人類順此原則則昌，不順此原則則亡。」一位哲人曾說過這麼一段話，大意是：你手上有一顆蘋果，我手上也有一顆蘋果，兩顆蘋果交換後，每人還是一顆蘋果。如果你有一種能力，我也有一種能力，兩種能力交換後就不再是一種能力了。

一個人的精力和能力始終有限。就算精力再充沛，可還是有一個限度，超過這個限度之外的事，個人的力量就沒辦法解決，所以合作尤為重要。每個人都有自己的長處，同時也都有自己的不足，這時就要與人合作，用他人之長補自己之短。養成良好的合作習慣，才能更好地完善自己，發展自己。

團結就是力量，合作走向成功。我們要理智處理競爭與合作的關係，競爭中不忘合作，在合作中邁開大步向前。這樣，我們就能讓自己的生活、工作更加順利，更加成功。

# 第七章　個人魅力是成功的吸鐵石

## ★寬容讓成功的路更寬

寬容是我們在生活中必須具備的一種特質，寬容的人能讓自己獲得簡單的快樂。快樂其實很簡單，只要我們多珍惜已經擁有的東西，不去計較未得到的東西，凡事都有一個寬容大度的心態，就能活得精彩。

一位智者這樣說過：「你必須寬容三次：你必須原諒自己，因為你不可能完美無缺；你必須原諒敵人，因為你的憤怒之火只會影響自己和家人；你必須原諒你的朋友，因為越是親密的朋友，越容易在無意間深深中傷你。只有完成這三種寬容，你才能快樂。」

如果對別人太嚴厲，總是在計較著成敗得失，這種每日都在「算計」的人生當然無法快樂，只有能寬容別人或自己的缺點，才能抵禦下整個世界的風雨。我們寬容了別人，同樣是自我賜福。當懂得正確看待別人、寬容自己時，人生才會豁達，才會快樂。快樂的人不是得到很多，而是計較很少。

一位德高望重的長者，在寺院的高牆邊發現一張座椅，他知道有人藉此越牆到寺外。長老搬走了椅子，自己卻在這兒等候，午夜，外出的小和尚爬上牆，再跳到「椅子」上，他覺得「椅子」不似先前那麼硬，軟軟的甚至有點彈性。落地後小和尚定睛一看，才知道椅子已經變成了長老，原來他跳到了長老的身上，後者是用自己來承接他的。小和尚倉皇離去，這以後的一段日子，他誠惶誠恐地等候著長老的發落。但長老並沒有這樣做，甚至完全沒提及這件事。小和尚從長老的寬容中獲得了啟示，他收住了心，再也沒有去翻牆，透過刻苦的修煉，成了寺院裡的佼佼者，若干年後，成為這兒的長老。

無獨有偶，有位老師發現一位學生上課時常常低著頭畫些什麼，有一天他走過去拿起學生的畫，發現畫中的人物正是齜牙咧嘴的自己。老師沒有發火，只是笑道，要學生課後再加工，畫得更神似一些。自此，那位學生上課時再也沒有畫畫，各門課都學得不錯，後來他成為頗有造詣的漫畫家。

寬容的人往往有許多朋友，而且也不易失去朋友，他們在生活中能夠包容朋友的許多錯誤，與周圍的人和諧相處，因為不是所有人都會寬容。寬容的人，對人對事都很友善，他們能將瑣碎的生活經營得充實而豐盈，能將平淡的日子點綴得豐富多彩，而且富有情趣。寬容的人，心裡充滿感恩和懷念寬容別人，其實就是寬容我們自己，多一點對別人的寬容，我們的生命中就多了一點空間。

寬容是一種堅強，而不是軟弱。寬容所體現出來的退讓有目的性，主動權掌握在自己的手中。他們能在後退的時候，把握好前進的方向。

寬容是一扇門，當你走進寬容之門時，就找到了成功的大道，當你離開寬容之門時，就走進了陰暗的小路。寬容是一座橋梁，橋的一端是人與人的關係，橋的另一端是成功。寬容的人，在溫暖身邊的人的同時，也讓自己的心裝滿了愛和幸福。

## ★感謝身邊的「懶人」

在我們的身邊，或許有這樣一些愛偷懶的人，他們面對額外的工作，總是避之不及。面對這種人，我們非但不能厭惡，還要心懷感恩，因為正是他們的偷懶，才讓我們擁有了更多做事的機會，為我們搭起了展示才華的舞台。

小林大學畢業後，到一家集團公司的辦公室當文書。辦公室主任有一特長，即文章寫得好，公司董事長很器重他，董事長的演講稿和企業的年終總結等一系列重大文章，都是他的手筆。

小林到了辦公室後，只能打雜白，從小林去後，辦公室主任變得越來越懶，一些本來該由他親自去做的工作，也往往推給小林去做。

由於企業名氣大，經常要參加省市諸如長跑、登山、演出等活動，要現場採訪、拍照。這樣的工作時間長，又不算加班，主任便安排小林去。

公司會議常常利用晚上的業餘時間，而董事長一開會常常會忘記時間，一直開到凌晨。而開會需要錄音、記錄，這種事主任也總讓小林去。這樣一來，他很多時候晚上參加會議，第二天還要整理記錄，寫報導，工作量增加很多。

和小林一起新來的大學生，常常數落那些老主管如何剝削他們的勞動，占用他們的時間，把他們的智慧與勞動成果占為己有，為此憤憤不平，有的人還為此一走了之。

一次，省電視台的記者要採訪董事長，董事長時間比較趕，於是安排在星期天的晚上八點鐘。董事長讓主任陪同，可是主任家離公司較遠，於是他叫小林去陪同。

小林一肚子不高興，但最後還是參加了。

那天在接受電視台記者採訪時，董事長興致非常好，企業發展到現在已經十年了，要「十年歸零」，進行第二次創業，並且準備在十周年大慶時有人活動。

本來這次採訪預計半小時，但由於董事長與記者談的非常投機，一談就是兩個多小時，後來還一起喝茶。當一切都結束時已經是凌晨一點了。送走記者後，小林非常睏，沒有洗漱倒頭就睡了。

第二天他將採訪紀要整理好，交給董事長，後來又採寫了一篇在企業報刊發表的文章，文章標題是

「十年歸零從頭越」——董事長發出第二次創業動員令。」董事長感到小林非常敏銳地捕捉到了他的靈感，並且文章的重點突出、主題新穎。董事長非常高興，順便問了昨天晚上主任為什麼沒有來。小林說：「他家離得比較遠。」董事長接著說：「要感謝身邊的懶人，要多為自己創造機會！」

從那以後，董事長便常叫小林到辦公室去，他有什麼感悟都讓小林整理，再後來年終總結報告也讓小林寫，還把他的薪水調漲一倍。小林漸漸地成了公司的紅人，也得到了更多鍛鍊。

很多時候，面對額外的煩瑣工作，我們要積極接受並且努力做好，不要畏難發愁、設法躲避。與其讓自己沉溺於抱怨和牢騷，以一種消極、悲觀的心態等待、觀望，不如主動地去面對。其實，從另一個角度來看，有更多的工作要做，對我們來說是一件有益的事，因為透過做更多的工作，可以提高自己的能力，增加處世經驗。所以，我們要珍惜額外的工作機會，緊緊地抓住並利用好它，讓它為我們的騰飛提供一個跳板。向身邊偷懶的人感謝吧，感謝他們給你鍛鍊和進步的機會。

在我們的生活中，對於那些幫助過我們，對我們有恩的人，我們總是心懷感激。當然，幫助我們的人應該感謝，但其實，那些看不起我們、不願意幫助我們、讓我們的生活遭遇挫折的人，我們也應該感謝。

## ★做個正直、有原則的人

正直是一個我們需要的重要特質，正直的人才能真正成功。

晉平公時，有一個叫南陽的地方缺一個縣官。晉平公問祁黃羊：「你看誰可以當這個縣官？」祁

## 第七章　個人魅力是成功的吸鐵石

### 做個正直、有原則的人

黃羊說：「解狐這個人不錯，他當這個縣官合適。」平公很吃驚，他問祁黃羊：「解狐不是你的仇人嗎？你為什麼要推薦他？」祁黃羊笑答道：「您問的是誰能當縣官，不是問誰是我的仇人啊。」平公認為祁黃羊說得很對，就派解狐去南陽當縣官。解狐上任後，為當地辦了不少好事，受到南陽百姓的普遍好評。

過了一段時間，平公又問祁黃羊：「現在朝廷裡缺一個法官，你看誰能擔當這個職務？」祁黃羊說：「祁午能擔當。」平公又覺得奇怪，問：「祁午不是你的兒子嗎？」祁黃羊說：「祁午確實是我的兒子，可您問的是誰能去當法官，而不是問祁午是不是我的兒子。」平公很滿意祁黃羊的回答，於是又派祁午當了法官，後來祁午果然成了公正執法的好法官。

孔子聽說這兩個故事後稱讚說：「好極了！祁黃羊推薦人才，對別人不計較私人仇怨，對自己不排斥親生兒子，真是大公無私啊！」

正直的人內心有原則，他們在任何時候、任何情況下都能高標準地要求自己。

許多年前，一位作家在一次倒楣的投資中損失了一大筆財產，差點破產，他打算用他所賺取的每一分錢還債。三年後，他仍在為此目標而不懈努力。為了　明他，一家報紙組織了一次募捐，許多人都慷慨解囊，這是一個誘惑——接受這筆捐款意味著結束這種折磨人的負債生活。然而，作家卻拒絕了，把這些錢還給了捐助人。幾個月之後，隨著他的一本轟動一時的新書問世，他償還了所有剩餘的債務。

這位作家就是馬克．吐溫。

馬克．吐溫這種正直，是一種高度的榮譽感，並最終成就了他。

《東周列國志》裡記載這樣一個故事：姜太公當年垂釣渭水，三年一無所獲。有位樵夫告訴他要把魚鉤弄彎，裝上香餌，方能釣得魚來。姜太公聽罷，吟詩答曰：「寧在直中取，不向曲中求，不為錦鱗設，只釣王與侯。」姜太公是個有大智慧的人，他並不是不懂怎麼釣魚，只是他老人家志不在此，而在於獲得賞識，成就一番大事業。

我們做人更應該如此，要有「寧向直中取，不向曲中求」的品格，要正直、有原則，這樣我們就能行得正，活出錚錚鐵骨的精彩。正直的人，在面對任何變故、得失的時候，總是能把握自如、遊刃有餘，他的人生總是充滿浩然正氣。

## ★戰勝自私的心理

自私是人與生俱來的一個弱點，每個人或多或少都有自私心理，而那些成功者，都是能夠克服自私的人，他們明白，太過自私無法成大事。

小猴和山羊是鄰居。一天，牠看見山羊在院子裡挖土，便問：「山羊公公，您做什麼呀？」山羊說：「我種一塊青草。」「我也去種一塊青草。」小猴說。

「你種青草做什麼？」山羊說，「你應該種一棵桃樹呀！」

小猴聽後高興極了，它在自己的院子裡挖好坑，種下一顆桃核。

不久，山羊的青草長出來了，小猴的桃樹苗也出土了。又過了不久，山羊開始吃青草了，小猴的桃樹才一尺高，牠心裡很不是滋味。

第二年，山羊院子裡的青草又發芽了，而小猴的桃樹才長到院牆那麼高。牠很不高興，便埋怨起山羊來。山羊聽見了說：「別著急，桃三杏四梨五年，明年你就能吃桃子了。」

# 第七章　個人魅力是成功的吸鐵石

## 戰勝自私的心理

第三年，小猴的桃樹真的開花結果了，茂密的枝葉還蓋過了牆頭。小猴很高興。一天，它爬上樹數起桃子來，忽然看見山羊正臥在樹蔭下，悠閒自得地嚼著青草，牠氣憤極了：「哼，讓我種桃樹，原來是讓你乘涼啊，真自私！」牠滑下樹來，舉起斧頭朝桃樹砍去，邊砍邊嘀咕：「看你怎麼乘涼！」

這個故事的結局令人扼腕：小猴因為自私心理，將自己花幾年心血栽培的桃樹頃刻毀壞了，這種行為既愚蠢的也得不償失。

可見，自私有時候會讓我們失去理智，做出一些於人於己都無益的事情來。自私會扭曲人的心理，造成心理貧窮，心理越貧窮就越自私，最終會毀滅自己。

從前，有兩位很虔誠、很要好的教徒，決定一起到遙遠的聖山朝聖。兩個人背上行囊，風塵僕僕地上路了，並誓言不達聖山，絕不返家。兩位教徒走啊走，走了兩個多星期之後，遇見一位白髮長者。這位長者看到這兩位如此虔誠的教徒，千里迢迢前往聖山朝拜，就十分感動地告訴他們：「從這裡距離山還有十天的腳程，但是很遺憾，我在這十字路口就要和你們分手了。但在分手前，我要送給你們一個禮物！什麼禮物呢？就是你們當中一個人先許願，他的願望一定會馬上實現；而第二個人就可以得到那個願望的兩倍！」

此時，其中一位教徒心裡一想，這樣太棒了，我已經知道我想要許什麼願，但是我不先講，因為如果我先許願，我就吃虧了，他就可以有雙倍的禮物！不行！而另外一個也想，我怎麼可以先講，讓我的朋友獲得加倍的禮物呢！於是，兩位教徒就開始客氣起來，你先講，你比較年長，你先許願吧！不，應該你先許願！兩位教徒彼此推來推去，「客套」推辭一番後，開始不耐煩起來，氣氛也變了：「你幹嘛！

你先講啊！」「為什麼我講？我才不要！」

兩人推到最後，其中一人生氣了，大聲道：「喂，你真是不識相、不知好歹的人啊，你再不許願的話，我就把你的腿打斷，把你掐死！」

另一個人一聽，沒有想到他的朋友居然變臉，竟然恐嚇自己，於是想，你這麼無情無義，我也不必對你太有情有義了，我沒辦法得到的東西，你也休想得到！於是，這一位教徒乾脆把心一橫，狠心地說道：「好，那我先許願！我希望我的一隻眼睛瞎掉！」

很快，這位教徒的一隻眼睛馬上瞎掉，而與他同行的好朋友，就瞎掉了兩隻眼睛！

自私會讓我們遠離快樂和幸福，讓我們被自己結的蛹束縛。自私會讓人迷失自己，迷失方向，在一己之利中沉淪，達不到更遠的境界。自私讓我們與他人漸行漸遠，逐漸被孤立。

因此，如果你想成功，就要戰勝自私心理，不能讓自私蒙蔽心智，阻礙前進的步伐。超越自私，我們就能撥開籠罩生活的迷霧，走進陽光燦爛的成功大道。

## ★走出貪婪的禁區

俗語說：貪心不足蛇吞象。在我們的生活中，確實有不少這樣的人，他們什麼都想要，什麼都不願意放棄，而且從來不會知足，他們的結局，往往是竹籃打水一場空。現在的社會充滿各種誘惑：名利、金錢、地位等。假如你一味追求這些東西，就會讓自己內心充滿矛盾、憂愁、不安，心靈就會承受很大的壓力，生活就會成為一種沉重的負擔。所以，有時候適當捨棄一些東西，生活中就會呈現出一抹意想不到的亮色。

一個旅行團決定到沙漠，這確實是刺激的探險。帶上食品、水果、飲料，在導遊的帶領下，遊客興致勃勃地上路了。

初次面對浩瀚的沙漠，遊客興奮不已。金色的沙丘和明媚的陽光，簡直是人間仙境。遊客有說有笑，緩緩前行，還不時拍下一幅幅美景。導遊一邊引路，一邊拿著擴音器解說，大家聽得津津有味。

兩個小時後，遊客又累又渴，已無暇欣賞眼前的沙海，便坐下來休息。小吃已不再是美食，水果和飲料成了大家的最愛。大口大口地啃水果、喝飲料，真是痛快。灼熱的陽光和單調的風景，使不少遊客開始後悔「誤入」此地。

導遊很會安撫遊客，他說，再堅持一小時，大家就會有意想不到的收穫。導遊賣的關子再次激起大家的熱情，遊客重新抖擻精神，繼續向沙海深處出發。

就在大家筋疲力盡之時，眼前亮出了一道別樣的景致：一泓湖水旁邊生長著蔥綠的草木。這簡直是個奇蹟！在單調的金黃中突然點綴這麼一片碧藍和翠綠，能不讓人驚喜嗎？

這時有人問，這裡怎麼會有綠洲呢？導遊開始耐心解釋，可能和這裡的地質結構有關，下面有地下水，也可能是老天爺故意在這裡安置一片綠洲，免得讓路經此處的人過於乏味。

遊客對導遊的解釋並不滿意，不過還是會心地笑了。這時，導遊又半開玩笑似的冒出一句：「還可能是因為這裡的沙子不貪婪。」導遊的再次分析立即引起了大家的興趣。

導遊說：「我也無法解釋這裡形成綠洲的自然原因，只能說說自己的理解——我覺得沙子太貪婪，哪怕下一滴雨也會將它吸乾。而這片土地的沙粒可能不貪婪，所以啊，地下水就選擇從此處冒出來，將它變成了綠洲。」

遊客聽後全笑了，由衷地欽佩這位導遊的聰慧。

只要不貪婪，連沙漠也能生出綠洲，這是多麼美的一件事。因此，我們不能貪婪，還原生活最美的本色吧。

沒錯，適當的欲望對人有益，能讓人找到前進的動力，但是欲望不能太多，過多的欲望就是一種貪婪，而貪欲是無底洞，你永遠也填不滿它，甚至我們或許還會因為自己的貪婪惹上不必要的麻煩。

如果你讓欲望操控自己，你的身心就會越來越疲憊，你的人生就會背負沉重的擔子，這樣的人很少會快樂。所以我們不能貪婪，要學會自我放下、自我解脫，保持平常心。

懂得捨棄一些東西，才能欣賞到人生中美麗的風景。一個人只有敢於捨棄，才有機會獲取更長遠的利益。生命之舟承載不了太多的物欲和虛榮，只有學會放下，才可以揚帆遠航。

任何時候我們都要記住，過分的貪婪不可取，我們一定要時刻保持清醒的頭腦，不要讓貪婪蒙蔽了雙眼，不要為了貪婪走進人生的死巷。

## ★誠信是成功的鑰匙

誠信是一種寶貴的人格特質，是一個人走向成功的通行證。古語云：「反身而誠，樂莫大焉。」這就是說，只有做到真誠無偽，才可使內心無愧，坦然寧靜，給人帶來最大的精神快樂，是人們安慰心靈的良藥。誠信的人能取得他人信任，最終在這個社會中立足，而缺乏誠信的人，成不了大事。

# 第七章　個人魅力是成功的吸鐵石

## 誠信是成功的鑰匙

高爾基說：「人類最無道德處，是不誠實與懦弱。」這說明，小到一個人、一間公司，大到一個國家，都要具備誠信這個最基本的素養，沒有誠信，就無法發展和進步。

西元前四世紀的義大利，有一個名叫皮斯阿司的年輕人觸犯了法律，被判絞刑，在幾天後將被處死。皮斯阿司是個孝子，在臨死之前，他希望能與遠在百里之外的母親見最後一面，以表達他對母親的歉意，因為他不能為母親養老送終了。他的這一要求被告知了國王。國王被他的孝心感動，允許他回家，但是他必須為自己找一個替身，暫時替他坐牢。這是一個看似簡單其實近乎不可能實現的條件。有誰肯冒著被殺頭的危險替別人坐牢呢？這豈不是自尋死路？但茫茫人海，就有人不怕死，而且真的願意替別人坐牢，他就是皮斯阿司的朋友達蒙。

達蒙住進牢房以後，皮斯阿司回家與母親訣別。人們都靜靜地看著事態的發展，日子一天天地過去了，皮斯阿司還沒有回來，眼看刑期就要到了。人們一時間議論紛紛，都說達蒙上了皮斯阿司的當。行刑日是個雨天，當達蒙被押赴刑場之時，圍觀的人都在笑他的愚蠢。刑車上的達蒙面無懼色，慷慨赴死。追魂炮被點燃了，絞索也已經掛在達蒙的脖子上。膽小的人都嚇得緊閉雙眼，他們在內心深處為達蒙深深地惋惜，並痛恨那個出賣朋友的小人皮斯阿司。但就在這千鈞一髮之際，風雨中皮斯阿司飛奔而來，他高喊著：「我回來了！我回來了！」

這一幕太意外了，許多人都還以為自己是在做夢。這個消息像長了翅膀一樣，很快便傳到了國王的耳中。國王聞聽此言，也以為這是謊言，他親自趕到刑場，要親眼看一看自己優秀的子民。最終，國王萬分喜悅地為皮斯阿司鬆綁，並親口赦免了他的刑罰。

在赦免的現場，國王當眾宣布了自己要以信用立國、以信用治天下的政令。並宣布任命皮斯阿司為司法大臣，任命達蒙為禮儀大臣，協助國王治理國家。國王說，他為自己的國家有這樣的子民感到高興，為自己的國家有這樣講信用和義氣的子民感到自豪。他相信，他們兩個人一定會輔助他把國家治理成信用禮儀之邦。

事實上，正是這兩個人在擔任了大臣以後，以誠信治天下，使義大利走向了歷史最輝煌的全盛時代。誠信是一種美德，擁有「誠信」態度的人，能夠得到別人的尊重，能夠用自己的人格和價值分量征服他人。一個誠信的人，走到哪都會是一道亮麗的風景，人們在被他折服的同時，也會自覺受到他的感召，幫助他達到人生的制高點。誠信的人，離成功並不遙遠。

## ★不憤怒，控制自己的情緒

生活中，每個人的目標和個性都不相同，因此人與人之間的摩擦、誤會甚至仇恨不可避免，但我們千萬不能被憤怒控制，做出一些失去理智的事。當我們用寬容和忍耐將自己的怒火稀釋，我們就多一分成功的機遇。有時候一瞬間的衝動，就會毀了自己的一生，所以面對任何事情，我們都要「三思而後行」，不要讓自己在事後悔恨。

當遇到讓不順心的事情時，我們可以試著用溫和的回答來代替憤怒，退一步思考解決問題之道。我們要善於自我克制，調節自己的情緒，不要讓生氣這種情緒主導我們的思維，衝動決定。真正的聰明人不會選擇生氣，因為生氣是一件傷人傷己的事情，他們能把生活中的不利因素化解為對自己有利的因素，避免悲劇發生，一個智者永遠是生活的強者。

## 不憤怒，控制自己的情緒

法國大作曲家白遼士年輕時，曾深深地愛著一個名叫卡米優的姑娘，兩人情投意合，準備結婚。因為白遼士要去義大利留學，所以不得不推遲婚期。他們訂婚以後，白遼士去了義大利，不久，卡米優的母親從巴黎寄信給白遼士，說因為家族的反對，她女兒只好解除婚約，並說自己的女兒已經與別人結婚了。這個不幸的消息，頓時使白遼士失去了自制力，他陷入深深的痛苦之中，憤怒衝擊著他年輕的心，他的情緒由嫉妒很快上升為復仇，一個瘋狂的復仇計畫在他的心中醞釀。他去商店買來女人的衣服、帽子和面紗，決定男扮女裝，帶著槍偷偷地回到巴黎，殺死卡米優母女和她的丈夫，然後自殺。

當天晚上他坐上一輛奔赴巴黎的馬車，一路上，皎潔的月光裝飾著夜空，也裝飾著大地，夜空安靜、廣闊又神祕，遠處的山隱隱約約，像雲像霧，一切景物都飄浮在半明半暗中，空氣裡充滿一種醉人、溫馨的芳香，馬蹄聲極有節奏地叩擊大地，發出美妙的音樂，洗滌著白遼士那顆受傷的心。夜色朦朧，月光柔美，大自然一片幽靜，只有馬蹄聲、車輪聲，這一切恰似一劑療傷的止痛藥，白遼士那充滿嫉妒與仇恨的心在不知不覺中平靜了下來，而且他的頭腦中音樂的靈感不斷湧現。

這時馬車已經到了目的地，他一想到自己原是為復仇而來時，心裡不由得覺得自己幼稚可笑到了極點。這真是太荒唐，太魯莽了。他跳下馬車，決定中斷旅程，他心中有個迫切的願望，要立刻將剛才的美妙感受寫下來。他很快從失戀的痛苦中解脫，陶醉在音樂的王國中。

他在尼亞停留了一個月，到橘林漫步，收集當地的民間風情，有時到海濱沐浴，他的創作情緒一直很活躍。一個月過去了，他的情緒好多了，並且完成了著名的序曲《李爾王》的創作。

生活中，我們大可放寬自己的心態，不要對一些雞毛蒜皮的小事斤斤計較，發怒和生氣，要學會與周圍的人和睦相處。對人對事多一點寬容和忍讓，我們的生活才會更平和與幸福。

從前，有一個脾氣很壞的男孩。他的爸爸給了他一袋釘子，告訴他，每次發脾氣或者與人吵架的時候，就在院子的籬笆上釘一根。第一天，男孩釘了三十七根釘子。後面的幾天他學會了控制自己的脾氣，每天釘的釘子也逐漸減少。他發現，控制自己的脾氣，實際上比釘釘子要容易得多。

終於有一天，他一根釘子都沒有釘，他高興地將這件事告訴爸爸。

爸爸說：「從今以後，如果你一天都沒有發脾氣，就可以在這天拔掉一根釘子。」日子一天天過去了，最後，釘子全被拔掉了。爸爸帶他來到籬笆邊上，對他說：「兒子，你做得很好，可是看看籬笆上的釘子洞，這些洞永遠也不可能恢復。就像你和一個人吵架，說了些難聽的話，你就在他的心裡留下了一個傷口，像這個釘子洞一樣，永遠無法復原。」

憤怒讓人無法享受生活的美好，使人的生活籠罩著陰暗的色調。生活中固然不會什麼事情都順心，這時候，我們不能憤怒，暴跳如雷，而是要冷靜思考，把注意力從不順心的事上移開，凡事都要三思而後行。

生氣就像插一把刀子在人的身體裡，拔出來後，傷口難以癒合。

所以，面對身邊的人，千萬不要因為怒氣而去傷害他們。在怒火中燒時，我們可以試試「逆向思維」。在做任何事情之前，要先靜下心來思考自己是不是太衝動了，然後從反省中發現解決問題的好辦法，從而避免做出過激的舉動和後悔莫及的蠢事。

生活是美好的，少生氣，多寬容吧。一個成功的人，肯定不會斤斤計較、控制不了自己情緒，高情商的人更容易成功。

## ★小糊塗，大智慧

誰都希望自己聰明，認為聰明的人才能將事情做得滴水不漏。其實，有時候太過聰明反而會陷自己於尷尬的境地，生活中，也離不開糊塗的智慧。大智若愚的人才是最明智的生活家，他們表面糊塗，但實際上聰明地做好準備，這樣的人，是能在社會中立於不敗之地的。人生中，難得糊塗也是一種境界。

「難得糊塗」是清代揚州八怪之一鄭板橋，在失意時發牢騷的書法名作。

鄭板橋在清乾隆年間，以進士出身在山東濰縣、范縣做了十幾年的七品縣令，以詩、書、畫三絕為朝野人士敬重，後因荒年替百姓訴訟請求賑濟，得罪地方豪紳，不得不稱病辭官。這樣一位能詩能文、能書能畫的聰明人，在難保其位、難全其身的心灰意冷之際，憤然寫下「難得糊塗」之篇，寫道：「聰明難，糊塗難，由聰明轉入糊塗更難。放一著，退一步，當下心安，非圖後來福報也。」以此發洩對世事不平的憤懣之情，表達對官場汙濁腐敗、榨取民脂民膏的譴責和批判，表示從此與世無爭，潛跡揚州賣畫。

鄭板橋說：「聰明有大小之分，糊塗有真假之分，所謂小聰明大糊塗是真糊塗假智慧，而大聰明小糊塗乃假糊塗真智慧。所謂做人難得糊塗，正是大智慧隱藏於難得糊塗之中。」

在人生道路上活得「糊塗」一點，就能甩掉被名利束縛的沉重包袱，達到一種坦蕩輕鬆、悠然自得的超然境界。

美國總統威爾遜小時候比較木訥，鎮上很多人都喜歡和他開玩笑，或者戲弄他。一天，他的一個同學一手拿著一美元，一手拿著五美分，問小威爾遜會選擇哪一個。威爾遜回答：「我要五美分。」「哈哈，他放著一美元不要，卻要五美分。」同伴們哈哈大笑，四處傳說著這個笑話。許多人不相信小威爾遜竟有這麼傻，紛紛拿著錢來試，果然屢試不爽，每次小威爾遜都回答：「我要五美分。」整個學校都傳遍了這個笑話，每天都有人用同樣的方法愚弄他，然後笑呵呵地走開。終於有一天，他的老師忍不住了，當面詢問小威爾遜：「難道你連一美元和五美分都分不清大小嗎？」

「我當然知道。可是，我如果要了一美元的話，就沒人願意再來試了，我以後就連五美分也賺不到了。」小威爾遜說。

這個例子說明，聰明和愚笨並不是表面上看起來那樣簡單，威爾遜看起來很愚蠢，但事實上他才是最聰明的人，他懂得累積、懂得讓自己能夠有更多的機會去贏取那五美分，他比那些所謂的聰明人更高明。有統計數字顯示，成功的人物中最多只有不超過 10％的人智商超群，其餘 90％的人的智商只是普通人水準，但是他們成功了，因為他們更有智慧。聰明的人不一定有智慧，而有智慧的人，肯定是會生活、能成功的人。

生活中，智慧和聰明就猶如主人和僕人的關係。明智的人善於把聰明轉變成智慧，在智慧的基礎上行動，從而能夠事半功倍。

小聰明著眼於炫耀，大聰明則致力於事業。所以，我們要懂得大智若愚的哲學，做個「糊塗」的聰明人。

## ★有禮有節，謙讓溫和

一個彬彬有禮的人，走到哪裡都會讓人如沐春風。拿破崙．希爾曾說：「世界上最廉價，而且能得到最大收益的一項特質，就是文明禮貌。」《論語》說：「不學禮，無以應。」可見，禮貌是人際關係中一個重要的交往原則。

在美國，有一個人在擁擠的車潮中駕車緩緩前進，在等紅燈時，一個衣服襤褸的小男孩，敲著車窗問他要不要買花，他遞出兩美元，由於綠燈已亮，而後面的人正猛按喇叭催促著，因此他粗暴地對正問他要什麼花的男孩說：「什麼顏色都可以，你只要快一點就好。」那男孩十分禮貌地說：「謝謝你，先生。」在開了一小段路後，他有些良心不安，他粗暴無禮的態度卻得到對方如此有禮貌地回應，他把車停在路邊，回頭向孩子表示歉意，並且又給了他兩美元，要他自己買一束花送給喜歡的人，這個孩子笑了笑並道謝接受了。

當他回去發動車子時，發現車子故障了，動也動不了，在一陣發車、推車忙亂後，他決定步行去找拖吊車幫忙，正在猶豫思索時，一輛拖吊車已經迎面開來，他非常驚訝，司機笑著對他說，「有一個小孩給了我四美金，要我開過來幫你，那個小孩還寫了一張紙條。」他打開一看，上面寫著：「這代表一束花。」

看來，有禮貌、講禮節能夠讓人與人之間的關係更融洽，能使我們在困難的時候得到他人真誠的幫助。

宋朝時，牛皋向一位老伯吼叫著問路，這位老伯不但沒給他指路，還罵他是個「冒失鬼」；過了一會兒，岳飛也來到這裡，他先離鐙下馬，然後很有禮貌地施禮並問路，這位老伯見岳飛很有禮貌，便給他指路。

由此可見，我們做任何事情都要有禮貌，禮貌使大家相處愉快，心懷感恩。每個人都喜歡與謙恭有禮的人相處，禮貌在我們的生活中有著不可替代的獨特作用，有時候，一個禮貌的問候或微笑，就能解開人們心結，讓人獲得一份意外的收穫。

二戰期間，一名蘇聯士兵不幸被德軍俘虜，被關押在德軍某軍營的監牢裡。他已經得知自己的命運：第二天清晨，他將被帶到刑場槍決。

夜晚，他透過鐵窗望著皎潔的月亮，想到了自己遠在家鄉的妻子和兒女，不禁潸然淚下，他知道自己再也沒有機會見到她們了。這時，一名德軍士兵來到了牢房外面，通過鐵欄，兩人對視了一下。望著這張陌生的臉，蘇聯士兵沒有任何反感，反而對著德國士兵微笑點頭。或許是被這淳樸的微笑所感染，德國士兵也向他微笑點頭。兩人化解了敵意，隔著牢門攀談起來。在交流的過程中，蘇聯士兵表達了對戰爭的厭惡及對妻子兒女的思念。他真誠的話語觸動了對方，身受德國法西斯統治的德國軍人何嘗不是戰爭的受害者？他們何嘗不是背井離鄉、遠離自己的親人？他們何嘗不是厭惡無休止的戰爭？德國士兵深受感染，同樣想到了自己不知道何時才能再相聚的家人，頓生悲傷。最終，德國士兵在同情心的驅動下，偷偷釋放了這名蘇聯士兵。

看來，禮貌給人提供了溝通的橋梁，使人互相理解、減少矛盾。我們都應該努力做一個有禮貌的人，讓自己文雅、和氣、有禮、謙讓、溫和，這樣的人，總有一天會取得成功。

## ★學會尊重他人

每個人都有獲得別人尊重的心理需求，關心別人、尊重別人是一種高尚的情操和磊落的胸懷。當你用誠摯的心靈使對方感到溫暖愉悅，在精神上充實滿足時，你就會體驗到一種美好和諧的人際關係，你身邊的朋友就會越來越多，最終獲得成功。

魯迅先生認為要教育好孩子，首先要尊重和理解，「如果不先理解，一味蠻做，更礙於孩子發達。」曾經有一次，先生在家中宴客，兒子海嬰同席。在吃魚丸時，客人均說新鮮可口，唯海嬰說：「媽媽，魚丸是酸的！」以為孩子胡說的媽媽便責備了幾句，海嬰很不高興。魯迅聽後，便把海嬰咬過的魚丸嘗了嘗，果然不怎麼新鮮，便頗有感慨地說：「孩子說不新鮮，我們不加以查看就否定是不對的，我們也得尊重孩子說的話啊！」

在這個社會中，人分三六九等，人與人之間也有地位、財富、身分的差異；但一個再低賤的人，在人格上也是與其他人平等，理應得到他人尊重。尊重他人並且善於反思自己的人，可以說是具備成功素養的人了。

一位商人看到一名衣衫襤褸的鉛筆推銷員，頓生一股憐憫之情。他不假思索地將十塊錢塞到賣鉛筆人的手中，然後頭也不回地走開。走了沒幾步，他忽然覺得這樣做不妥，於是連忙返回來，並抱歉地解釋說自己忘了取筆，希望不要介意。最後，他鄭重其事地說：「您和我一樣都是商人。」

一年之後，在一個商賈雲集、熱烈隆重的社交場合，一位西裝革履、風度翩翩的推銷商迎上這位商人，不無感激地自我介紹道：「您可能早已忘記我了，而我也不知道您的名字，但我永遠不會忘記您。

您就是那位重新給了我自尊和自信的人。我一直覺得自己是個推銷鉛筆的乞丐，直到您親口對我說，我和您一樣都是商人為止。」

看來，尊重能產生奇蹟。商人這麼一句簡簡單單的話，讓一個身分卑微、處境窘迫的人找回了自尊與自信，並最終透過努力發揮優勢，實現了自己的價值，這就是尊重迸發出來的力量。

尊重他人是一種美德，只有尊重他人，才能獲得他人對你的尊重。所以，尊重他人也就是尊重自己。

## ★用良心做事

在這個物欲橫流的社會，難免面對各種誘惑，甚至有時候會為了一己之利做出損害他人利益的事情，而那些成功的人總是很坦蕩，因為他們做任何事情，都會用良心權衡。

大陸崔永元的〈實話實說〉欄目曾講述了一位美國青年丁大衛在中國的故事。

丁大衛來到中國後，到一所最普通的郊區小學教學，因為做人與教學深得人心，後來還當上了校長。一九九八年年底，想看看中國西部的丁大衛來到了甘肅蘭州，在西北民族學院應徵上大學教師。

學校給大衛定的薪水是每月一千兩百元。得知自己的薪水在蘭州算是很高後，他主動找到學校，把薪水降到九百元。學校一再堅持，大衛不讓，最後學校給他每月九百五十元。他回答崔永元的疑問時說：「夠了，我每月的錢除了買食物，就用來買些郵票，打電話給家裡，三四百元就夠了！」當時現場的觀眾中有不少人「哇」的一聲發出驚歎。

別出心裁的編導，還讓丁大衛帶來了他所有的家當——一個還不及我們平常出門旅遊背的、但「內容」豐富的帆布袋。裡面有一頂家鄉足球隊的隊帽，一本夾著他親人、朋友和學生照片的相冊，一個用精緻相框鑲好的一家人溫馨親昵的合影，兩套換洗的衣服，一雙未洗的普通運動鞋，幾件以碗、杯子、牙刷、刮鬍刀為陣容的生活必需品。

帆布袋裡便是一位美國青年在異地生存五年累積下的物質財富。

當崔永元問丁大衛感覺苦不苦時，他幽默地說：很好，比如電視台讓他這樣一個平凡的人做來賓，而且還讓他搭飛機來，吃很好的飯菜。

一句「憑良心做事」，感動了千千萬萬的人，也讓我們看到了「良心」的珍貴。

的確，在當今社會，能安於清貧、堅守良心和自己的原則，是一件難能可貴的事情。人一旦失去了正確的做人理念，沉淪於物質的享受，就會變得畸形、邪惡、骯髒、恐怖。所以，我們每個人都不能丟失良心，要用良心善待整個世界。

# 第八章　為了成功而減壓

# ★活在當下

有報導稱，哈佛大學的心理學家曾發現「活在當下」的人們最幸福。

科學家指出，人們每天都會用近一半的時間做白日夢、暢想未來、打撈過去歲月，而正是占用了一天時間469％的「神遊太虛」讓人們無法幸福；日本心理學家井上勝在研究了老年人的生死觀之後，得出一個結論——為今天而生，這是老年人幸福生活的準則之一。

由此可見，活在當下能讓人全身心地享受現在的生活。當你把注意力都集中在當下，就不會有過去的牽絆、不會有未來的迷茫，我們的生命也因此具有一種強烈的張力。

有一個小男孩，他家後面有一片樹林，起風的時候，林中的樹葉隨風飄舞，有時會飛入廳堂和灶間，他的父親要他每天上學前將樹葉打掃乾淨。

天剛亮就起床掃落葉，實在是一件苦差事，尤其是秋冬之際，林間的樹葉好像互相約定好似的，總是不停落下。每天花大量時間打掃落葉，讓男孩厭倦不已。後來，男孩從別人那裡得到一個好主意，那就是掃地之前，先用力將樹搖一搖，這樣就可以將第二天才會落下來的樹葉提前搖下來，如此一來，豈不省了明日之事？這個主意令男孩興奮不已，於是他起了個大早，掃地之前用力將樹搖一搖，這樣，他就將今明兩天的落葉全掃完了，那一天他非常開心。

第二天，他起得很早，誰知到林間一看，依然是落葉滿地！男孩站在滿地落葉中，突然大徹大悟——無論今天怎樣用力，明天的樹葉還是會落下來的啊！那一刻，男孩終於明白了：世上有許多事是不能提前的，活在當下才是生命最實在的態度。

活在當下，就是讓我們認真地對待身邊的每一件小事，用一顆敏感的心面對最簡單的事，這樣我們的心中就會充滿幸福和安定感。

有一名信徒問佛祖：「您常常教我們要活在當下，那究竟怎麼做才算活在當下呢？」

佛祖說：「吃飯就是吃飯，睡覺就是睡覺。如此而已。」

的確，將精力集中在正在做的事情上，就能體會到微小的幸福；如果你的心裡總是同時裝著很多事，就沒辦法感受到生活純粹的美好。

有的人吃飯時還在看書、看報紙，還在思考問題，還在討論工作，淡化了飯菜的美味；有的家庭把吃飯時間當成相互抱怨的時間，丈夫抱怨妻子，妻子抱怨丈夫，父母批判孩子，哪裡還有天倫之樂可言？有的人睡覺的時候還在想著白天發生的事情，而且更多的是一些不愉快的事情，想著想著就咬牙切齒，甚至泣不成聲，這能叫做睡覺嗎？簡直是自我蹂躪。

吃飯的時候，我們就要專注享受飯菜的美味，拋開紛繁複雜的事務，感恩上天給我們健康的身體和胃口，盡情享受可口的飯菜；睡覺的時候，也要拋開一切羈絆與煩惱，盡情享受床的舒適與安逸，讓自己進入美麗的夢鄉。

當下指的就是你現在正在做的事、待的地方和周圍的人，把注意力集中在這些人事上面。懂得活在當下，那不管你身在何處，做任何事，你都將快快樂樂。

如果我們能夠照顧現在，那麼我們就可以掌握未來。未來將會從當下的片刻產生，如果這個片刻很美、很寧靜、很喜樂，那麼下一個片刻一定會更美、更寧靜、更喜樂。生命的品質取決於每天的心態，每天的心態取決於你每一個片刻的心情。如果你能保證當下心情好，你就能保證今天一天心情好；你能保證每天心情好，你就會獲得很好的生命品質，感受別人體驗不到的幸福生活。

或許人生的意義，不過是聞聞鮮花的芬芳，享受生活中的點點滴滴而已。對我們來說，昨日已經過去，明日還是未知數，只有「現在」才是我們最能把握的，所以我們要活在當下。

## ★生活中的暫停智慧

現代有很多人都抱怨生活太過忙碌、太過勞累，其實，有很多時候，我們可以不給自己這麼大的壓力，適當地暫停自己的腳步，這也是一種生活智慧。

有一篇文章描述了「過勞死」這樣的事實：

羅素．肖今年六十歲，他每天的工作是為CNET寫商業部落格、為美國著名政治部落格HuffingtonPost寫、再為AllBusiness寫。而現在，他已經不能再讓部落格的更新速度跟上自己的思維速度了——今年三月十四日，他因心臟病猝世了。

在美國，網路寫手的成長速度十分驚人，他們寫體育、政治、商業和任何你想看到的東西。有些人是為了自己的樂趣而寫部落格，但更多的是受雇於人，為網路營運商服務。他們不眠不休地寫公司的新聞，介紹新產品。

賺大錢，是刺激部落格寫手們瘋狂工作的最大動力。部落格寫手一般都是按篇付費，重要的衡量標準是點擊率，就像一條商業規則一樣：你寫得越多，你賺得越多。

寫手過勞死現象常常發生在科技領域，因為科技業競爭白熱化將寫手推向極端，在這裡速度是決勝的關鍵，慢了一秒，你就完蛋。

所以，我們不要超負荷地追求名利、金錢，讓自己的心靈保持輕鬆愉悅才是最重要的，也只有這樣，我們才能輕裝上陣，走向成功。我們要讓生命本色回歸自然，突破自己精神的泥潭，鎖定新的人生座標，這樣才能讓自己心靈的皺褶舒展。生命承載不了太多重量，我們要學會為自己減輕負擔。

有位在銀行當基金經理的朋友得了胃潰瘍，朋友們要他「再辛苦也要記得吃飯」，他唉聲歎氣道：「唉，這怎麼可能？一進公司早餐沒吃就開始開會，午餐沒時間吃也就算了，有時忙到半夜，才發現自己連晚餐也沒吃！這樣的日子比集中營還難過！」

這位朋友的際遇固然讓我們心生同情，但是這位朋友難道真得忙到連拜託同事到便利商店買個飯糰都沒時間嗎？答案是否定的，就算再忙碌的公司，也不會殘酷到讓員工三餐都沒時間吃。或許他的工作量比別人大，或許他心裡有一種緊張的情緒，但是無論如何也不可能三餐都沒時間吃，有問題的肯定是他自己。

真正的原因，是他不懂得暫停自己的生活，不懂得在對的時間做對的事情。午餐時間到了，他會想著趁這個間隙處理一下其他公事，就把午餐時間占掉了。這是他自己的選擇：放棄午餐。這樣的最終結果，就是他比別人活得更累。

所以，不管事情多麼重要，我們一定要記住對自己的生活喊「停」！

在生活中，勞逸結合是最明智的做法，能讓我們有效率地完成事情。因為做每一項工作都要把握工作與休息的關係，張弛有度才能提高工作效率。

生命是一個不停飄移的過程，逝去的每一段時光，遇到過的每一個人，都會成為一種風景、一個記憶。任何事總有一天會過去，我們何必讓心太累，何必煩惱太多已不屬於自己的人和事？

別讓自己心累！凡事不強求，想開、看淡，該休息時就休息，該奮進時就奮進，適時放鬆自己，我們才有情緒的宣洩口，為疲憊的心靈解壓。

## ★學會放下

人生的路很長，我們要承受各種負擔，所以我們要學會放下包袱，有足夠的思維空間，構思美好人生的藍圖。

一位智者曾說過這麼一句話：一路走來，心裡裝一片愉悅，足夠了！

的確，人生中只有放下那些不必要的負擔，才能輕鬆地走向成功。

有這樣一個禪宗的小故事：

一名青年背著個大包裹千里迢迢跑來拜見無際大師，他說：「大師，我是那樣的孤獨、痛苦與寂寞，長期的跋涉使我疲倦到極點；我的鞋子破了，荊棘割破雙腳；手也受傷了，流血不止；嗓子因為大聲呼喊而暗啞，為什麼我還不能找到心中的陽光？」

大師問：「你的大包裹裡裝的是什麼？」

青年說：「裡面裝的是我每一次跌倒時的痛苦，每一次受傷後的哭泣，每一次孤寂時的煩惱，它對我非常重要，靠著它，我才走到了這裡。」

於是無際大師帶青年來到河邊，他們坐船過河。

上岸後，大師說：「你扛著船趕路吧！」

「什麼，扛著船趕路？」青年很驚訝，「它那麼沉，我扛得動嗎？」

「是的，你扛不動它。」大師微微一笑，說：「過河時，船是有用的；但過河後，我們就要放下船趕路，否則它會變成我們的包袱。痛苦、孤獨、寂寞、災難、眼淚，這些對人生都是有用的，它能使生命得到昇華，但須臾不忘，就成了人生的包袱。放下它吧！孩子，生命不能太負重。」

青年放下包袱，繼續趕路，他發覺自己的步調輕鬆而愉悅，比以前快得多。

人生中，總會有苦難、有黑暗、有風雨，這些都是我們前行的包袱。放下包袱，輕裝上路，我們才能迎來美好的人生。假如讓憂鬱、悲傷、迷茫等沉重的包袱將我們包圍，最終我們會被自己做的蛹束縛，滑向痛苦的深淵不能自拔。

人生是一個接受挑戰的大舞台，放下憂鬱、悲傷、迷茫等沉重的包袱，微笑淡然地面對美好的世界，不要沉浸在自造的憂傷世界裡，放大痛苦，忽略幸福的所在，不去理會別人微笑的臉龐、友好的雙手，而報以冰冷的容顏，凍傷了自己，也凍傷了關心愛護你的人。

笑待人生的不完美，接受人生眾多的缺憾，讓自己的生活沒有遺憾。

前行的途中，我們要放下包袱，輕輕鬆鬆地奔向目的地。

有一位學生和心海居士相約登泰山。那是這位學生第一次登泰山，他擔心泰山頂會缺食少水或貨以奇居，就在泰安準備了一個大背包，吃的、喝的、用的塞了滿滿一包。心海居士看了看他鼓鼓的背包，笑著提醒他：「包袱太重，就會脫隊。」學生不以為然，因為他是登山隊的隊長，何況心海居士的年齡大他兩輪。

## 第八章　為了成功而減壓

### 學會放下

一開始，學生緊跟著居士的腳步，邊走邊詢問一些關於泰山的典故。

過了經石峪，他就有些吃力了，就問居士：「你比我年紀大那麼多，為什麼走起路來卻那麼輕快，而我卻越來越吃力呢？」居士提醒說：「放下包袱！」學生發現一路上泉水不斷，斟酌了一番後，把背包裡的礦泉水掏出來放在路邊的石頭上。又走了一程，他又落下一大截。居士回頭看了看說：「放下包袱！」學生雖然有點捨不得，但看到居士仍在搖頭，就索性連背包和裡面的食物全部扔在路邊。但他還是落得越來越遠了。居士再次對他說：「放下包袱！」學生大惑不解：「我已經把包袱全放下了，怎麼你還讓我放下包袱呢？」居士笑了笑說：「你身上的包袱是放下了，但心裡的包袱卻越來越重！」學生愈加不解：「你怎麼知道我心裡還背著包袱呢？」

居士說：「既然放下了，就不要再回頭看。」

既然放下了，就不要再回頭看。簡單的一個真理，真正能做到卻不容易。任何事，你越放在心上，就會越來越重，最終，將自己的心壓得變了形。其實，生活中使我們疲憊不堪的不是肩上的負擔，而是我們心裡的包袱。蝸牛因為背上了沉重的殼，所以爬得很慢；一個人要是背著太多的包袱，心就會累，而什麼事情都放不下的人，是最可憐的。

所以，學會放下吧，不要讓自己的心裝滿悔恨、嫉妒、痛苦等包袱，讓自己做一個敢於放下、不回頭看的人吧。

## ★凡事不苛求完美

古語云：金無足赤，人無完人。是的，世上沒有十全十美的人和事，任何東西都不可能絕對完美。那些力求完美的人，只是在跟自己比較，最終累人累己，生活中鮮有樂趣。其實，人都是有缺陷和不足的，我們應該接受這個不完美的世界。

一個期望太高，太過於追求完美的人，反而做什麼事都得不到最好的結果。凡事都要達到最好的境界，你可能會浪費太多時間和力氣，而最終還是得不到自己想要的結果。

海灘上布滿了大大小小的貝殼。一個小男孩每撿起一個，看一看，就隨手把它扔掉。就這樣，他已經撿了一個下午，卻始終沒有找到心目中最完美的貝殼。

夕陽西下，海與天的顏色越來越暗，夥伴各自提著裝滿貝殼的籃子回家，那個小男孩卻仍然拎著空籃子，蹣跚著腳步在沙灘上尋找。有一個人非常幸運地得到了一顆碩大美麗的珍珠，他卻覺得遺憾，因為珍珠上有一個小小的斑點。他想，若是除去這個斑點，它該是多麼完美啊！於是，他刮去了珍珠的一部分表層，但斑點還在；他又狠心地刮去一層，斑點依舊存在。於是他不斷地刮下去，最後斑點沒有了，而珍珠也不復存在了。

於是此人一病不起，臨終前他無比懺悔地對家人說：「當時我若不去計較那個小斑點，現在我手裡還會攥著一顆碩大美麗的珍珠啊！」

其實，完美只是一種理想的狀態，並不現實。追求完美的人責任感很強，標準很高、要求很嚴，追求細節，凡事過於認真。毫無疑問，在現實生活中，這種苛求會在無形之中給人施壓，讓原本就生活在

# 第八章　為了成功而減壓

## 凡事不苛求完美

壓力中的人平添很多煩惱。

宣民在一家數位公司的企劃部工作，負責編輯公司的網站。宣民每天都在咀嚼文字的好壞，為了一個字甚至一個標點符號，宣民會花很長的時間去思考，「晚上做夢都會夢到我坐在電腦前，盯著那個字看，過了一會兒，那個文字就變成了人，指著我說，『你用我不合適，找別人吧。』白天起來就出一身汗，想著昨天交的稿子是不是又有什麼地方寫錯了，然後就打開電腦，把文章找出來，從頭到尾看一遍。」這樣的事情經常發生，以至於現在的宣民每天早晨睜開眼睛，第一件事情不是吃早飯，而是開電腦：「我很害怕自己做錯什麼，通常，不保險的事情我寧願不做。」

做事認真可取，但是不能走向極端。犯錯，也是我們每個人的權利。苛求完美，就會讓我們走進一個誤區，不斷增加自己的壓力，容許自己犯錯，會讓我們的效率更高。

有時候，追求完美的心態能讓我們有更大的進步，但完美不代表苛求，生活中凡事都苛求完美，反而只會出現更多的缺憾；反之，不苛求完美的人，卻能處處感受到美，發現生活中細微的美麗。

學會接受不完美，則凡事都會完美，連缺憾也成了一種美。能接受自身的不完美，也就能接受他人的不完美，這樣的人才能活得自在、快樂、瀟灑。

從某種意義上來說，不完美是上帝賜予我們的恩惠。如果一切都完美，就沒有發展的空間。如果世上真有十全十美的人，那他篤定是一個一無是處的人——從不知道追求、希冀為何物。完美得無以復加，這個人還有什麼盼望呢？做人的最大樂趣，就在於透過奮鬥達到目的。所以有缺點，意味著可以進一步爭取完善。沒有最好，只有更好，透過努力奮鬥去實現更好，這樣的人生才有意義，也更精彩。

接受不完美，是生存的智慧，是獲得快樂的不二法則。一個不苛求完美的人，才能淡定從容，隨性、隨緣，才會有幸福的人生。

## ★彎腰才能釋重

現代社會競爭日益激烈，生活節奏迅速，每個人都會有生存壓力，有各種需要背負的重擔。適度的壓力可以成為我們前進的動力，可以激發我們的鬥志。生活中的挑戰源源不絕，我們正是從這樣的挑戰中獲得興奮和愉悦，不斷成長。沒有壓力，生活就缺失了一種色調，但如果壓力太過沉重，就會對我們的身心造成不利的影響，會使我們身心疲憊，失去信心和動力。著名心理學家羅伯特説：「壓力就如一把刀，它可以為我們所用，也可以把我們割傷。那要看你握住的是刀刃還是刀柄。遇到壓力時，如果握住刀刃，就會割到手；但是如果握住『刀柄』，就可以用來切東西。要準確地握住刀柄可能不容易，但還是可以做到。」因此，對待壓力，我們要有一種平和的心態，不能被它壓倒，適當的時候，可以彎彎腰，放下重負，這才是一種智慧的生活態度。

加拿大魁北克有一座南北走向的山谷。山谷沒有什麼特別之處，唯一能引人注意的是它的西坡長滿松、柏、女貞等樹，而東坡卻只有雪松。這一奇異景色之謎，許多人不知所以，然而揭開這個謎底的，竟是一對夫婦。

那是一九九三年的冬天，這對夫婦的婚姻正瀕於破裂邊緣，為了找回昔日的愛情，他們規劃了一次浪漫之旅，如果能找回，就繼續生活，否則就和平分手。他們來到這座山谷的時候，下起了大雪，他們支起帳篷，望著漫天飛舞的大雪，發現由於特殊的風向，東坡的雪總比西坡的大且密，不一會兒，雪松

# 第八章　為了成功而減壓

## 彎腰才能釋重

上就落了厚厚的一層雪；不過當雪累積到一定程度，雪松那富有彈性的枝丫就會向下彎曲，直到雪從枝上滑落。這樣反覆地積、反覆地彎、反覆地落，雪松完好無損。可其他的樹，卻因沒有這個本領，樹枝就被壓斷。妻子發現了這一景觀，對丈夫說：「東坡肯定也長過雜樹，只是不會彎曲才被大雪摧毀了。」丈夫興奮地說：「我們揭開了一個謎——對於外界的壓力要盡可能地去承受，在承受不了的時候，稍微彎曲，像雪松一樣讓一步，這樣就不會被壓垮。」頃刻，兩人突然明白了什麼，擁抱在一起。

生活中的壓力無處不在，累積到一定程度，就會超出我們的承受範圍，讓我們的人生蒙上了灰暗。這時候，我們需要像雪松那樣彎下身，放下重負，才能夠重新站起，避免壓斷的結局。彎曲並不是低頭或失敗，而是一種彈性的生存方式，是一種生活的藝術。

有一個關於壓力管理的小故事：

一位培訓師在課堂上拿起一杯水，然後問台下的聽眾：「各位認為這杯水有多重？」有人說是半斤，有人說是一斤，講師則說：「這杯水的重量並不重要，重要的是你能拿多久？拿一分鐘，誰都能夠做到；拿一個小時，可能覺得手酸；拿一天，可能就得進醫院了。其實這杯水的重量一樣，但是你拿得越久，就越覺得沉重。這就像我們承擔著壓力一樣，如果我們一直把壓力放在身上，不管時間長短，到最後就覺得壓力越來越沉重，而無法承擔。我們必須做的，是放下這杯水，休息一下後再拿起這杯水，只有這樣我們才能拿得更久。所以，我們應該將承擔的壓力適時放下，並好好地休息，然後再重新拿起，這樣才能夠承擔得更久。」

是的，暫時放下壓力，才能重新獲得前進的能量，才能堅持得更久、走得更遠。有位詩人說過：「你要活得比較隨意，你就只能活得比較平凡；你要活得比較長久，你就只能活得比較簡單；你要活得比較輝煌，你就只能活得比較艱苦。」

生活是我們自己選擇的，壓力也是自己給自己的。所以，減壓是我們必須學會的一門功課，會減壓的人才能衝破重重障礙，走到最後。當壓力大到喘不過氣時，就彎腰卸下負擔吧。

## ★適度宣洩情緒

生活中，總有不順心的事，總有不好的情緒。一個心理成熟的人，不是沒有消極情緒的人，而是善於調節和控制自己情緒的人。當我們有消極情緒的時候，不要一味壓抑。心理學研究表明，壓抑並不能改變消極的情緒，反而使它們在內心深處沉積；而當它們累積到一定程度時，往往會以破壞性的方式爆發，傷害自己和他人。

例如，我們常會看到一些脾氣好的人，突然發火，做出一些使人吃驚或者他自己也後悔的事情，這往往就是平時壓抑的結果；同時，壓抑還會造成更深的內心衝突，導致心理疾病。因此，我們要學會宣洩自己的不良情緒。

有一位富賈對自己發洩怒氣的方法是：「當我自知怒氣快來的時候，連忙不動聲色地想辦法離開，跑到自己的健身房。如果我的教練在那裡，我就跟他對打；如果教練不在，我就用力捶擊沙袋，直到發洩完滿腔怒火為止。」

美國前總統雷根是個性情溫和的人，但有時也會發脾氣，當他發怒，會將鉛筆或眼鏡丟在地上，然後很快恢復情緒。有一次他對幕僚說：「你看，我在很久以前就學會了這樣一個祕訣：當你發怒時，如果控制不住自己，不得不丟一些東西出氣，那麼就要注意丟在自己面前，不要丟得太遠，這樣撿起來就省力多了。」有的煩惱不一定要依靠外物宣洩，可以自我宣洩。若敞開心胸，不但能夠減少很多沒必要的煩惱，而且還能避免將煩惱轉嫁他人，這樣就能贏得更多朋友。

當水庫的水位超過警戒線時，水庫就必須做調節性洩洪，否則會危害到水庫的安全。倘若此時沒有洩洪，又不斷進水時，水庫就會崩潰。精神分析大師佛洛伊德就用水庫的觀念，比喻人類情緒的處理過程，他認為每個人的身體裡面都有一座「情緒水庫」，當負面情緒出現時就會存放在情緒水庫之中，如果「情緒水位」累積到所謂警戒線，個體就會出現脾氣暴躁、無法適當控制情緒的情形；而如果一直惡化，「情緒水庫」崩潰的結果就是出現精神疾病。因此，若要維持心理健康，就是不要讓自己的「情緒水庫」累積太多水量，要想辦法紓解「情緒水位」。

你可以選擇向自己的朋友或者親人訴說，或者跑到沒有人的地方，將心裡的怨氣全部發洩，釋放壓抑的心情；你也可以將自己的一切怒氣、怨氣全部寫在紙上，讓糟糕的思維痛痛快快地發洩，平復自己的心情。

壓抑時學會正確發洩，會讓我們的心靈常常擁有自然輕鬆的心理情緒。我們每個人都要了解自己的情緒，尋找一種適當的宣洩方式，及時合理地將自己的壞情緒發洩，才能讓自己變得快樂。

## ★簡單的生活最美

簡單才是美，這是一句樸實又實在的道理。在紛繁的世界中，崇尚簡單的哲學是一種豁達的境界。

我們只有盡量把事情變得簡單化、直接化，才能發現事物的本質，才能發現生活中本色的美。用「簡單」的態度處理事情，不僅能收到事半功倍的效果，同時也能將生活帶入一種節奏明快的韻律之中。

簡單地活著，意味著你能省下很多精力來完善自己。我們在適應別人的同時，別人也在適應我們，只要我們抱著真誠的態度，我們就會有所得。大多數人都在追求一種簡單，而如果我們事先設定的是一種簡單的規則，那麼，如此的相處會非常舒服。

簡單地活著，意味著我們和自己靠得更近。現在社會的交往中，越來越注重成熟，一個成熟的人，做事肯定是以目的為第一，因此，成熟的人考慮的角度首先是簡單，後來的細枝末節才是不簡單。

《唐吉訶德》裡有一個片段是這樣：桑丘問表弟：「世界上第一個翻跟斗的是誰？」表弟回答：「這個問題我一時無法回答，等我回書房翻翻書，考證一下，下次見面再把答案告訴你吧。」桑丘過了一會兒對他說：「剛剛問的這個問題，我現在已經想到答案了：『世界上第一個翻跟斗的是魔鬼，因為他從天上摔下來，就一直翻著跟斗，跌到了地獄。』」

桑丘的回答非常簡單，但也包含著一種極其樸素的智慧，難怪他的主人表揚他說：「桑丘，你說出來的話，往往超過你的智慧。」有時候，我們沒有必要煞費苦心地考證一切問題，因為最終得出的結論也許並不能增加見識，也不能增添常識，這種毫無意義的事，我們可以不去做。

其實生活、學習、工作中的很多事情都很簡單，大可不必樣樣都傷腦筋。人生、愛情、理想也是如此，很多時候都只是相當於小學數學一樣，或者根本就沒有上學、大字不識幾個的人看「雞兔同籠」這一問題時的思維一樣——打開籠子數數不就知道了？幹嘛費那麼大力氣，列那麼多方程式計算？更重要的是，幹嘛把雞和兔一起關在籠子裡？有時候，人們走了太多、太遠、太辛苦的路，卻意識不到有些路根本就不必走。有些人看到別人走，自己就拚命趕路，認為在走了很多辛苦路之後就會到天堂；可是誰知道，天堂就在他原來所在的地方，或者根本就沒有什麼天堂。

崇尚簡單的人，恰恰是最能夠享受生活的人，通常他們不為名利、金錢所累，活得舒心自在。

有個打魚的人，他每天只捕一尾魚，那尾魚剛好可以換他一天的食物、水和煙，然後他就躺在沙灘上曬太陽，望著藍天白雲抽菸，悠閒自在。這時來了一個商人，對他說：「老兄，我覺得你應該捕更多的魚，然後賣掉，等存夠錢後就能買一艘船，再開著船到處買賣」「然後呢？」那人問商人。「然後就能賺很多很多錢，就可以每天到海邊曬太陽，聽海。」「可是我現在不正在曬太陽、聽海嗎？」那人回答說，「更重要的是等我做了那些事、賺到足夠的錢的時候，也許我已經沒有時間曬太陽、聽海了」

其實，世界上沒有複雜的事情，只有複雜的心靈，和黑洞般沒有邊際不知深淺的欲望。就像一棵樹，乍看有許多樹枝，細看是無數的葉，再細看是數不清的細胞，其實，它只是一棵樹而已。一切問題都是可以化為簡單，正如電腦裡所有問題都只有兩個答案：是或者不是。

做簡單的人，能夠讓我們抓住生活、工作和學習的核心，能夠分清主次，高效率、高品質地完成任務，朝著既定的目標輕裝上陣。簡單的人，不圓滑世故，不虛偽，不自欺欺人，不故作高深，不在錯綜複雜的關係網中作蛹自縛。生活需要真誠，需要坦率，需要勇氣，需要寬容，需要「出淤泥而不染，濯清漣而不妖」的個性與特質。俗話說：「非淡泊無以明志，非寧靜無以致遠。」因為簡單，我們能坦誠地面對每一個人；因為簡單，我們能在是是非非面前，淡然一笑；因為簡單，我們能執著地追求一份心靈的平和。

## ★不追逐虛名

大千世界有很多名利誘惑，有些人就是因為太熱衷於追求各種名利，而一生奔波，徒勞無獲。其實，名利都是虛的東西，我們要想有大作為、大成就，就不能為這些虛名而累。

不慕虛名，便可使人的心靈寧靜淡然，使人能夠看得更遠，走得更堅實。晏子的「二桃殺三士」歷來為人們津津樂道，建功頗多的三位壯士未葬身沙場，卻為二桃而死，最根本的原因就是他們追逐虛名的心，「殺死」了他們自己！假若他們不去爭奪那些虛名，而是擁有一顆淡然的心，又何至於在二桃面前競相爭奪，最終走向滅亡？因此，不慕虛名才能讓一個人走得更遠、站得更高，獲得更多的成就而不至於禍患連連。

不慕虛名的人，才能做出實際的成績，而貪圖虛名之士，最終也會淪為平庸之輩。

一年夏天，一位來自麻州的鄉下年輕人登門拜訪年事已高的愛默生。年輕人自稱是個詩歌愛好者，從七歲起就開始創作詩歌，但由於地處偏僻的山區，一直得不到名師的指點，因仰慕愛默生的大名，故千里迢迢前來尋求文學指點。

這位青年詩人雖然出身貧寒，但談吐優雅，氣度不凡，老少兩位詩人談得非常融洽，愛默生對他非常欣賞。

臨走時，青年詩人留下了薄薄的幾頁詩稿。愛默生讀了這幾頁詩稿後，認定這位鄉下年輕人在文學上將會前途無量，決定憑藉自己在文學界的影響大力提攜他。

愛默生將那些詩稿推薦給文學刊物發表，但反響不大。他希望這位青年詩人能繼續將自己的作品寄

## 第八章　為了成功而減壓

### 不追逐虛名

給他，於是，老少兩位詩人開始了頻繁的書信來往。

青年詩人的信一寫就長達幾頁，大談特談文學問題，激情洋溢、才思敏捷，表明他的確是個天才詩人。愛默生對他的才華大為讚賞，在與友人的交談中經常提起這位詩人。，青年詩人很快就在文壇上有了一點小小的名氣。

但是，這位青年詩人再也沒有寄給愛默生詩稿，信卻越寫越長，奇思異想層出不窮，言語中也開始以著名詩人自居，語氣越來越傲慢。

愛默生開始感到不安。憑著對人性的深刻洞察，他發現這位年輕人身上出現了一種危險的傾向。通信從未中斷，愛默生的態度逐漸變得冷淡，成了一個傾聽者。

很快，秋天到了。愛默生寫信邀請這位青年詩人前來參加一個文學聚會，他如期而至。在一位老作家的書房裡，愛默生問這位青年詩人：「後來為什麼不寄詩稿給我了？」

「我在寫一部長篇史詩。」青年詩人自信地答道。

「你的抒情詩寫得很出色，為什麼要中斷呢？」愛默生問道。

「要成為一個大詩人就必須寫長篇史詩，小情小愛毫無意義。」青年詩人說。

「你認為你以前的那些作品都是小情小愛嗎？」愛默生問。

「是的，我是個大詩人，我必須寫大作品。」青年詩人自信地說。

「也許你是對的。你是個很有才華的人，我希望能盡早讀到你的大作。」愛默生有點無奈地說。

青年詩人完全沒有聽出愛默生的無奈，而是很自傲地說：「謝謝，我已經完成了一部，很快就會公諸於世。」

文學聚會上，這位被愛默生所欣賞的青年詩人大出風頭。他逢人便說自己的偉大作品，侃侃而談、鋒芒逼人。雖然誰也沒有拜讀過他所謂大作品，即便是他那幾首由愛默生推薦發表的小詩，也很少有人拜讀過，但幾乎每個人都認為這位年輕人必成大器，否則，大作家愛默生能如此欣賞他嗎？

轉眼間，冬天到了。

青年詩人繼續寫信給愛默生，但從不提起他的大作品。信越寫越短，語氣也越來越沮喪。直到有一天，他終於在信中承認，長時間以來他什麼都沒寫，以前所謂的大作品根本就是子虛烏有之事，完全是他的空想。

他在信中寫道：「很久以來我就渴望成為一個大作家，周圍所有的人都認為我是個有才華、有前途的人，我自己也這麼認為。我曾經寫過一些詩，並有幸獲得了閣下您的讚賞，我深感榮幸。使我深感苦惱的是，自此以後，我再也寫不出任何東西了。不知為什麼，每當面對稿紙時，我的腦海便是一片空白，因為我認為自己是個大詩人，必須寫出大作品。在想像中，我已經登上了詩歌的王位，我感覺自己和歷史上的大詩人並駕齊驅，包括尊貴的閣下您；而在現實中，我對自己深感鄙棄，因為我浪費了自己的才華，再也寫不出作品了。」

在信的末尾他誠懇地寫道：「尊貴的閣下，請您原諒我這個狂妄無知的鄉下小子。」

從此以後，愛默生再也沒有收到這位青年詩人的來信。

可見，在現在這個浮躁喧囂的社會，虛名虛利並不值得追逐，假如一個人熱衷於此，就會一生碌碌無為，錯失原本可以成功的機會。所以，千萬別為這些虛名勞心費神，知足才能常樂。

人生的事不可能十全十美，總會有些缺憾和不足。因此，對於生活要有知足的心態，這樣才能維護

## 第八章　為了成功而減壓

### 不追逐虛名

自己心理的平衡，保持心情的寧靜。

凡事不過分要求，一切都量力而行，這樣我們的生活才會更加充盈寧靜。

其實，人生的真諦就是八個字：平淡是真，知足常樂。

從前，城裡住著一位大財主，他擁有十多間店鋪，鄉下有幾百畝出租的田地，又有百餘頭牛羊，還有十多艘漁船，這財主算是腰纏萬貫。在他隔壁有一間小木屋，主人是一名理髮師，名字叫阿歡。財主各方生意都有掌櫃或其他人打理，根本不用自己操心。財主平時穿的是綾羅綢緞，吃的是山珍海味，住的是大屋闊院，睡的是寬床高枕，蓋的是羅帳錦被。但財主從來沒感到快樂，他整天為家族的產業收入不理想、賺錢太少而煩惱，經常坐立不安，有時甚至飲食不思，經常睡不著；時間一長，他的精神十分疲憊。而隔壁住的阿歡三十歲出頭，仍沒有妻兒，每天只能賺到「幾個銀錢」，但也夠日常的生活費用，生活雖然過得清貧一點，但天天無憂無慮，十分瀟灑，每天晚飯後便在小木屋裡躺著，放聲歌唱，午夜唱累了便喝一杯白開水，然後一覺睡到第二天九點鐘才起床，又開始快樂的理髮。

財主可能因為過分憂慮生意上的利潤，或者因為阿歡晚上唱歌的聲音太大了，讓他更加難以入睡。一天早上，財主叫掌櫃過來問道：「隔壁的『剃頭歡』吃不飽、住不好，又沒有妻兒，為什麼能夠這樣開心，每天晚上都在唱歌呢？而我為什麼有那麼多錢仍快樂不起來？我真是不明白。」掌櫃微笑地對財主說：「因為他知足，所以他常樂！」財主聽了沉默了一下便點了點頭，然後對掌櫃說：「怎樣才能夠讓『剃頭歡』不再唱歌呢？」掌櫃微笑地回應財主，說：「這很容易，只要你能借給他十兩銀子就可以了。」「行嗎？不行我就扣你的工錢。」財主帶著懷疑的眼光問掌櫃。

「行！」掌櫃很有信心地回應了財主。「那你明天就借十兩銀子給他，由你來辦理。」財主說完就走開了。

第二天中午，掌櫃藉口到阿歡的理髮店刮鬍子，跟阿歡聊了一會兒後便特意問：「阿歡，你剃了二十多年的頭，仍然賺不了錢，連老婆都沒有，怎麼不改行去做一些小生意呢？」阿歡笑著對掌櫃說：「我每天只能賺『幾個銀錢』的理髮錢，哪有本錢去做生意呢？」「你想不想做生意？」掌櫃很認真地問阿歡。阿歡又重複地說：「我想，但我的確沒有本錢！」「如果你想做生意，我可以幫你向我的老闆借十兩銀子給你做本錢，利息比別人低一點。」掌櫃胸有成竹地對阿歡講。

阿歡喜出望外，驚訝地問掌櫃：「當真嗎？」「絕沒有騙你。」掌櫃斬釘截鐵地說。這時，阿歡著急地追問：

「什麼時候可以借錢給我？你快說！」「明天上午就可以。」掌櫃有把握地說。「好吧，大丈夫一言為定，我今天幫你刮鬍子的錢就不收了，以後還要請你喝酒呢！」掌櫃刮完鬍子後，阿歡便十分高興地送掌櫃出去，到了門口時說：「那我明天早上去找你。」「好的。」掌櫃邊說邊走了。

這天晚上阿歡特別激動，他想：借到了這十兩銀子後，就可以去做生意，以後賺很多錢，有了錢可以蓋房子，可以娶妻子，以後有人做家務了，還可以為他生兒育女。這個晚上，阿歡徹夜難眠，他乾脆不睡覺了，一直唱歌唱到天亮。

第二天天還沒亮，阿歡就到了財主店鋪的門口等待開門。直到八點多，財主的店鋪開了門，他馬上進去找到掌櫃，掌櫃也很爽快地幫他辦完了借款手續，然後借了十兩的銀子給阿歡。從這天上午開始，阿歡真的不再理髮，白天他連門都不開了。也就是從這天晚上開始，阿歡的小木屋再也沒有了嘹亮的歌聲了。而財主這晚也好奇地找掌櫃一起到阿歡小木屋隔壁的牆邊，特地來聽阿歡是否還會唱歌。他們聽了很久，都沒有聽到阿歡唱歌的聲音後，就互相對視，然後大笑著回去睡覺。不知道財主是因為真明白了「知足常樂」的道理，還是他妒忌阿歡快樂的心態取得了勝利，從這天晚上開始也漸漸地可以入睡了。

一天後的一個晚上，掌櫃又到阿歡的小木屋裡找阿歡聊天。掌櫃說：「阿歡，這段時間怎麼沒聽到你唱歌呢？」阿歡苦惱地低聲回答：「唉！自從你借那十兩銀子給我之後，我真的不知道用來做什麼生意才好，錢又不多，又不懂生意行情，到期後還要歸還本息，以後真是不知怎麼辦呢，現在真煩死我了！哪裡還有心情唱歌呢？」掌櫃聽了捧腹大笑，得意地走出阿歡的屋子。

我們每個人的生命都有限，能活著就是一種福分，就是一件值得感恩的事情，所以我們快活地過好每一天，珍惜每一天的時光。當我們少些抱怨，少些挑剔，生活就會更加陽光燦爛。讓自己的生活充滿歡笑，我們會活得有滋有味，假如把生活變成了煩惱，那麼人生就會是一個受盡煎熬的歷程。

「知足常樂」，只要擁有過就足矣！知足才能珍惜。知足不等於安於現狀，不等於小富即安，不等於隨波逐流，知足是一種境界，是一種累積，是一種厚積薄發，贏得幸福的艱難跋涉。

這世間有很多美好的東西等著我們去享受，珍惜自己擁有的吧。

## ★不以物喜，不以己悲

范仲淹在〈岳陽樓記〉中有這樣一句話：不以物喜，不以己悲。

這句話的意思是，不因外物的好壞和自己的得失，或喜或悲，這是一種為人處世的深遠和豁達胸襟。

不以物喜，是說一個人對於金錢、財富，或者職位、權力等淡然的態度，注重自己內心的充盈。現在的財富和名利是你過去價值的體現，也是未來的起點。人需要保持一顆平常心迎接未來，這一點很重要。任何時候都不能把自己看得太重，因為無論自己有多麼厲害，成績多麼突出，都需要保持一顆平常心。人生的路還很長，更多的機會和挑戰還在我們的前面，如果我們只會欣賞現在的「物」，那麼我們就可能失去更美好的未來。

不以己悲，告訴人們不能小看自己，妄自菲薄，不能被所謂的權威、所謂的成功者、所謂的領導者蒙蔽雙眼，盲目地給自己貼上無能和弱小的標籤。一個人難免會有缺點和失敗，若沉溺在由此產生的消極情緒中，自己的弱點或失敗就會被放大，很有可能限制了自己的潛力和發展機會，而完全埋沒了自己，這樣很不值得。

一位留學美國的中國學生和朋友談到了自己看問題的視野變化。

由於小學成績優秀，他考上了縣城的中學。他發現自己再也不能像在小學時那樣穩拿第一了，於是產生了嫉妒：比自己好的同學原來都有很好的鉛筆，自己卻沒有，天道不公啊！經過幾年的苦讀，他居然又成為縣中學的第一了。而他又覺得：人與人之間還是不平等，為什麼自己沒有好的鋼筆呢？

中學畢業後，他考上了北京的某所大學，可好景不長，他的學業成績連中等都保不住。看到城裡的同學都有好鉛筆、好鋼筆、早上蛋糕牛奶、晚上香茶水果，想想自己，早上一個饅頭都捨不得吃完，還留一半到晚上，「合理」又從何談起呢？

五年後，他留學到美國，親眼看到了五光十色的西方世界，所有的嫉妒、自卑、怨恨忽然一掃而光。原來自己選取的比較標準發生了變化，看到的不再是自己的同學、同事和鄰居，而是整個世界。

每個人都有自己的缺點和長處，假如只滿足於自己的小世界，坐井觀天，肯定會被淘汰。正確的做法，應該是轉換自己看問題的視角，不斷發現全新的世界。我們應該不卑不亢，既不自以為是，也不能瞧不起自己，不要因為外界的因素影響自己的判斷，這樣才能專注目標，取得成功。

舉一個簡單的例子：一名學生平時蠻努力，也做了不少練習，但發現有幾次的成績不理想，於是她就有了兩種想法，第一是乾脆不做習題，做了也沒用；二是要加強訓練，比以前做得更多。其實二者都不必要，只需要和平常一樣的練習就夠了！練習不在於數量，而在於品質。

生活中，我們應該主動積極地適應環境，以一種好的心態待人接物，無論是生活還是工作。不要因為環境的變化影響自己的情緒，對自己的生活或工作帶來不利的影響。

可以說，凡是有「不以物喜，不以己悲」這種生活態度的人，最終都能突圍和超越，成為大贏家。

## ★循序漸進，迂迴前進

生活中，競爭無處不在，每個人難免碰到強硬的對手或者惡劣的環境，而如果我們暴虎馮河，無異於以卵擊石，受傷的最終還是自己。這時候，我們不妨採取迂迴前進的方式，另闢蹊徑，這樣就能避開鋒芒，勝利到達成功的彼岸。

記住，當前進的道路上有陡坡時，我們不妨迂迴地走。

滿洲里市是中俄通商的口岸，俄羅斯產品隨處可見。二〇〇二年高職畢業後，王勇廣來到滿洲里市，一開始為做服裝生意的叔叔打工，後來，看到別人不斷賺錢、當老闆，王勇廣蠢蠢欲動，總想出去闖一番事業。於是，當他有了八百元的積蓄後，便辭職離開了叔叔的服裝店。他找到一家牙刷批發店，批發了一大箱牙刷，然後上街推銷。

一年之後，王勇廣做街頭小販賺了三萬多元。

二〇〇四年十月十五日，王勇廣誤打誤撞認識了斯坦科維奇——一家俄羅斯工藝品公司的總經理。斯坦科維奇向他承諾，如果他想做工藝品生意，可以賒兩批貨給他，前提是王勇廣必須有店面。

早就厭倦當街頭小販的王勇廣動了心，一星期後，王勇廣以每月三千五百元的租金，租了一個一百平方公尺左右的店面。

十一月二十八日，王勇廣的店面裝修完畢，斯坦科維奇果然寄來一批俄羅斯皮具、手錶和軍刀等工藝品。為了盡快打開市場，他每天都到人流量大的地方發傳單。然而，俄羅斯工藝品生意，不如他想像的那麼好做。幾個月過去了，他賺到的錢僅夠付租金和員工薪水。儘管後來王勇廣不斷地努力尋找突破和改進的方法，生意還是少有起色，苦苦堅持了近一年，還沒賺到錢，他開始動搖了。

後來，他考慮到在滿洲里，俄羅斯工藝品隨處可見，競爭太激烈，還不如到南方賣俄羅斯工藝品，何必要死守在這裡呢？王勇廣抽時間到南方幾個城市走了一趟，果然在南方極少看到有人賣俄羅斯工藝品。王勇廣決定離開滿洲里。

二〇〇七年四月，王勇廣來到海口。他租了一個店面，簡單裝修後就開張。事實證明，王勇廣的眼光是正確的，開業當天，小店裡擠滿了人，買家很多。單件商品的價格雖然較高，但顧客說這是好東西。一天下來，王勇廣竟賺了一千多元。

首戰告捷，王勇廣充滿了信心。他一邊聯繫斯坦科維奇，請他出貨，一邊琢磨著怎樣擴大影響。兩個星期後，第二批貨到達海口，王勇廣的點子也出來了。他印刷了許多精美的傳單，上面有各種工藝品的圖片，而且還赫然印著一行醒目的大字：本店所有工藝品均按兩賣，五十元一兩。

「手錶那麼輕，按兩賣不是虧了嗎？」員工問王勇廣。員工問得很有道理，店裡的手錶全是好錶，按兩賣確實賺不到錢。然而王勇廣自有他的想法，他算過，手錶按兩賣只能保本，但是，來店裡購物的顧客，不可能全是因為手錶而來，當他們看到其他的工藝品後，誰能保證他們不動心呢？而其他商品按兩賣，利潤卻很豐厚。

王勇廣的算盤打得很準，傳單發出去後，王勇廣這個按兩賣的俄羅斯工藝品店慢慢傳開了，生意非常好，那個月他賺了四萬多元。

王勇廣的生意持續興隆，引起了商家跟風。幾個月後，海口出現了其他賣俄羅斯工藝品的店。了解後，發現那些店賣的所謂俄羅斯工藝品全是國內生產。於是，為了突出自己銷售的是正宗的俄羅斯工藝品，王勇廣與廠商簽訂合約，成了產品總代理，接著花錢在報紙、電視等媒體上發表聲明：本店銷售的工藝品是正宗俄羅斯工藝品。

海口的許多商家看到聲明後，主動找上門來，要求代理王勇廣的俄羅斯工藝品，市場一下子擴展。

後來，受到一位顧客的啟發，王勇廣與廠商聯繫，又開拓了個性化工藝品的業務。當訂做個性化工藝品的人越來越多後，王勇廣又冒出一個想法：為何不註冊一個自己的品牌，委託廠商製作呢？有了自己的品牌，生意才能擴張的更大，於是王勇廣註冊了一個商標。

兩個月後，第一批擁有自主品牌的工藝品生產出來了。這些工藝品有手鏈、手錶、錢包、風鈴等，每種工藝品上都刻有象徵愛情的符號和愛的誓言。這些工藝品一擺出來就大受歡迎，一天能賣出上百件。

有意思的是，由於他的產品非常時尚，受年輕人的歡迎，滿洲里的商人也找到他，要求銷售他的產品。甚至俄羅斯的合作夥伴斯坦科維奇，也在俄羅斯賣起了他的產品。

就這樣，王勇廣從北到南，選擇南方空白市場作為事業的起點，最後再轉回北方，運用迂迴戰術獲得成功。

王勇廣用這種迂迴的戰術告訴我們，在競爭激烈的社會，有時候換個位置，就能讓屢屢受挫的事業突圍，帶來意想不到的成功。

迂迴的人生才有生命力，猶如一條河流，它在行進過程中遇到山石或者草叢的阻擋時，懂得迂迴而過，從而有綿綿不斷的活力。我們的生活也一樣，需要有循序漸進、迂迴前進的智慧。

# 第八章　為了成功而減壓

循序漸進，迂迴前進

# 第九章　活出真正的自我

## ★不自律的人不能成功

自律是成功必需的一種素養，古羅馬喜劇作家普勞圖斯說過：「能主宰自己靈魂的人，將永遠被稱為征服者的征服者。」美國詩人白朗寧也說：「一個人一旦打響了征服自我的戰鬥，他便是值得稱道的人。」「能主宰自己的靈魂」、「征服自我」就是自律。

明代有個叫徐溥的人，他在求學期間為了謹慎言行，在書桌上放了兩個瓶子，當他說了或做了一件不好的事時，就在一個瓶子裡放一粒黑豆，做了好事就在另一個瓶子裡放一粒黃豆。由於他深刻反省自己，嚴於律己，久而久之，瓶中的黃豆逐漸變多，而黑豆卻寥寥無幾。憑著對自己言行的持久約束，徐溥終於成為一代名臣。

可見，能夠自覺遵守法度、自加約束的人，肯定會大有作為。

美國有位心理學家曾做過這樣一個實驗：將一群小孩子安置在一個房間，並放上糖果，告訴他們糖果只能等工作人員回來後再吃，然後用隱藏攝影機觀察他們，發現只有少部分孩子克服了糖果的誘惑，而大多數都吃掉了糖果；以後工作人員追蹤調查，發現沒吃糖果的孩子成人後在事業上大多都很成功，而吃了糖果的那部分孩子卻少有成就，並且失業率很高。

第二次世界大戰後，在世界五百強企業裡，美國西點軍校培養出來的董事長有一千多名，副董事長有兩千多名，總經理、董事一級的五千多名，超過美國任何一所商學院。這些優秀的領導人之所以優秀，都是因為他們終身都奉行著西點軍校的一句至理名言：沒有任何藉口。這種不為自己找藉口，不放縱自己的品格，是最嚴格的自律。而正是這種自律，才使他們帶領企業躋身世界五百強之列。

由此可見，自律是成功的基石。

微軟的創始人比爾蓋茲之所以能成為世界首富，就是源於他的自律。比爾蓋茲的成功與他超強的自律能力分不開。他曾經表示：「我個人以為，既然想要做出一番事業，我們就不能太善待自己，只有自律的人，才能夠取得事業的成功。」他幾乎把所有的時間都花在工作和學習上，從不輕易放鬆自己。在中學的時候，他就靠自學和自己鑽研，掌握了高超的電腦技術。

比爾蓋茲出生於華盛頓州西雅圖市，自小家境富裕，他的父親威廉．蓋茲是一位傑出的律師，母親是華盛頓大學評議員及第一洲際銀行董事。為了讓孩子接受良好的教育，父母將蓋茲送進管教嚴格的西雅圖湖濱私立中學就讀。也就是在這裡，蓋茲接觸到了他一生中最重要的兩樣東西——自律的特質與電腦。

自八年級起，蓋茲便沒有閒暇時間，經常坐在電腦桌前不分黑夜白天地研究程式設計，常常連續工作十多個小時，然後吃一個漢堡，也不確定是中餐或晚餐，再趴在桌上睡幾個小時。他甚至可以免費為別人設計軟體，只為有使用電腦的機會。

一九七五年冬天，蓋茲從 MITS 的 Altair 機器得到了靈感，看到了商機和未來電腦的發展方向，於是就打電話給 MITS 的創辦人羅伯茲，說可以為 Altair 提供一套 BASIC 編譯器。羅伯茲當時說：「我每天都收到很多信和電話，我告訴他們，不論是誰，先寫完程式的就可以先得到這份工作。」於是蓋茲和他的同伴保羅回到哈佛，從一九七六年的一月到三月，整整八個星期，他們一直待在蓋茲的寢室裡，沒日沒夜地編寫、除錯工具，他們幾乎不記得寢室的燈有關過。最後，他們終於成功了，兩個月通宵達旦的心血和智慧，製造出世界上第一個 BASIC 編譯器，MITS 對此也非常滿意。

# 第九章　活出真正的自我

## 不自律的人不能成功

兩個年輕人，當別人正在花前月下享受生活時，他們卻為了自己的夢想全力投入事業。

一直到後來正式創立微軟公司，蓋茲也才十九歲。公司剛起步的時候，衝勁十足、精力充沛的蓋茲和保羅根本就不知道什麼是疲倦和勞累。他們在一間灰塵彌漫的汽車旅館租用了一間辦公室，開始了艱苦的創業。他們擠在那個雜亂無章、雜訊紛擾的小空間中，沒日沒夜地寫程式，餓了就吃個披薩充饑，實在太累，就出去看場電影或開車兜兜風。

蓋茲一直以工作狂而著稱，即使到了三十九歲結婚時，他還經常加班到晚上十點以後，對於先前任何一個億萬富翁來說，這很不可思議。儘管微軟公司一向以員工習慣性加班聞名，但那些工作得眼冒金星的員工還是心悅誠服地說，幾乎沒有誰能比蓋茲更能如此嚴格地對待自己。

他每週工作差不多六十個小時。雖然他每年能夠休兩週的假，但他還是會利用這個時間看看軟體，以便能夠跟上迅速變化的形勢。比爾蓋茲曾說過：「我熱愛我的工作，所以我也喜歡長時間工作。」

他的人生哲學是：我要贏，贏就是我的哲學，贏本身就是目的。他的目標是：不斷向前，充滿活力。他的風格是：永遠先人一步。他的膽識是：向萬有引力挑戰。這些就是他取得成功的重要原因，而這些要素，全都靠嚴格的自律支撐。

其實，在通往微軟帝國輝煌的道路上，蓋茲曾經歷過無數次極端痛苦和無奈的選擇，每當他的價值觀與事實衝突時，他的自律精神就會幫助他維護事業。

比爾蓋茲的成功就是源於自律的力量，一個自律的人，才能將自己的潛能發揮到極致。

在物質生活豐富的當今社會，人們面臨的誘惑不斷增加，稍有鬆懈，就有可能陷入泥潭而難以自拔。自律是一扇窗，打開它，我們就能在欣賞風景的同時，迎接成功的到來。

## ★怎樣發現自己的天賦

每個人都有自己的天賦，只是很多時候沒有發現而已。

伏爾泰有句名言：「天性，往往比教育有更大的影響。」天性即天賦，天賦是一種天生的資質，如果我們發現自己的天賦，就可以將精力集中在有天賦的事情上，從而最快獲得成功。

天賦是每個人的財富，要善於利用，根據自己的天賦確立奮鬥目標，往往能達到最佳效果。

著名漫畫家朱德庸就是靠著自己的天賦成功的人，他曾經是一個醜小孩，從小性格孤僻叛逆，非常不討人喜歡。在學校裡，他的成績很差，就連最爛的學校也不願意招收他。他的父母為此傷透了腦筋，好不容易讓兒子上學，卻經常被老師訓話；上初中時，由於成績太差，他被列為壞學生，在老師眼裡，這個小孩太笨，什麼都學不會，同學也都瞧不起他，他一開始也這麼認為，因此非常自卑；初中畢業後，他進入一所職業學校。

儘管在集體生活中得不到快樂，但他也有自己的快樂，那就是畫畫。從四歲開始，他便開始臨摹電影院的傳單；十幾歲的時候，他已經不可救藥地迷上畫畫，他逐漸領悟到，自己並不是笨，而是有學習障礙。他也漸漸發現自己的特點：對圖形非常敏感。畫畫成了他快樂的泉源。他的父母很支持他畫畫，爸爸經常為他製作畫本，裁好白紙，裝訂得整整齊齊。

放學回家，他就將時間都花在畫畫上，畫得最多的是漫畫。他將漫畫當成自己的出氣口，喜歡將欺負過自己的老師畫到紙上，而且畫得奇醜無比。如果還不解恨，他就會發揮豐富的想像力，對老師施以各種「酷刑」。這樣折騰人家一番後，放下筆，心裡就舒服多了。

# 第九章　活出真正的自我
## 怎樣發現自己的天賦

不過，這樣的好心情並不會持續太久，隨著年齡成長，他漸漸認識到自己的糟糕處境，對未來十分擔憂。於是，他開始拿起書本苦讀，最終考上了大學，進入電影系；大學畢業後，他開始服兵役。在軍營中，每晚一熄燈，他便藏在被窩裡，借手電筒的光亮畫畫，畫了整整一個月，終於畫出了一套漫畫。這套在被窩裡完成的漫畫作品，叫做《雙響炮》，作者正是紅遍華人世界的著名漫畫家——朱德庸。他的代表作品如《雙響炮》、《澀女郎》、《醋溜族》等，在華人世界擁有巨大的影響力。人們評價他：「要想發現華人的幽默，不能不讀朱德庸的作品，它是男人與女人的漫畫版戰爭！」

有一次，朱德庸幽默地說：「你們別光盯著我的現在看，要知道，我的童年可是很『悲慘』。」朱德庸回憶，有一次在傷心之餘，他抱起家裡的小狗，深情地說了一句「只有你沒有離開我」，然而牠竟突然轉過頭來，在自己手臂上留下兩排深深的牙印。

他說：「外面的世界沒辦法待，唯一的辦法就是回到自己的世界，因為這個世界裡有我的快樂。」當然，朱德庸說的「自己的世界」，就是他的漫畫世界。

關於天賦，朱德庸也有自己獨到的見解：「人們都希望成為老虎，而這其中有很多只能是兔子，久而久之，就成了四不像。我們為什麼放著很優秀的兔子不當，而一定要當很爛的老虎呢？社會就是很奇怪，本來兔子有兔子的本能，獅子有獅子的本能，卻強迫所有人都去做獅子，結果出來了一批爛獅子。幸好我的天賦，或者說本能，沒有被掐死。」

朱德庸的成功，就是因為他發現了自己的天賦，並將它發揮到了極致。每個人的天分傾向不一樣，有些人對視覺有感受，有些人對聽覺有感受，還有的人對嗅覺敏感，我們應該找到自己的特質在哪，然後向這個方面發展。人總要把先天的資質和後天的培養發揮到極致，才能有最大的成就。術業有專攻，一個人應該把握一個方向，然後執著地追求下去。

奧托．瓦拉赫是一九一〇年諾貝爾化學獎獲獎者，他的經歷極富傳奇色彩。剛開始讀中學時，父母為他選擇的是一條文學之路；不料，一個學期下來，老師寫下了這樣的評語：「瓦拉赫很用功，但過分拘泥，這樣的人即使有著完美的品德，也絕不可能在文學上有所成就。」父母只好尊重兒子的意見，讓他改學油畫。可瓦拉赫既不善於構圖，又不會潤色，對藝術的理解力也不強，成績在班上倒數第一。老師的評語更是令人難以接受：「你在繪畫藝術上是不可造就之才。」面對如此「笨拙」的同學，大部分老師認為他成才無望，只有化學老師認為他做事一絲不苟，具備做實驗的特質，建議他改學化學。於是，瓦拉赫智慧的火花一下子就被點燃，在同學當中，這位在文學和繪畫藝術上的不可造就之才，竟然成為公認化學方面的「前程遠大的高材生」。

奧托．瓦拉赫給我們的啟示就是：看準屬於自己的道路，做適合自己的事情，充分發揮自己的天賦。我們每個人都要記住：天賦是一種賜予，把天賦發揮到極致才能成功。

## ★你是最優秀的

每個人都是這世界上獨一無二的存在，我們要相信自己是優秀的，相信自己，才能走向卓越。有位哲人說過：「人們應謹記一個處世原則，因自我了解而表現出來的舉止，就是一般人對自己的觀感。」你想做一個默默無聞的人或豐功偉績的人，全在於你對自我的評價，而別人可能因為你的自我評價而同樣地評價你。所以，相信自己是優秀的，你就會是一個優秀的人。

## 第九章　活出真正的自我

### 你是最優秀的

古希臘的大哲學家蘇格拉底在風燭殘年之際，知道自己時日不多，就想考驗一下他那位平時看起來很不錯的助手，。他將助手叫到床前說：「我的蠟所剩不多了，得找另一根蠟接著點下去，你明白我的意思嗎？」

「明白，」那位助手連忙說：「您的思想光輝要很好地傳承下去。」

「可是，」蘇格拉底慢悠悠地說：「我需要一位最優秀的傳承者，他不但要有相當的智慧，還必須有充分的信心和非凡的勇氣，你能幫我尋找一位嗎？」

「我一定竭盡全力。」蘇格拉底笑了笑。那位忠誠而勤奮的助手，不辭辛勞地透過各種管道四處尋找。可他領來一位又一位，都被蘇格拉底一一婉言謝絕。一次，當那位助手再次無功而返時，病入膏肓的蘇格拉底硬撐著坐起來：「真是辛苦你了，不過，你找來的那些人都不適合。」

「我一定加倍努力，」助手懇切地說，「找遍天涯海角，我也要找到最優秀的人。」蘇格拉底笑笑，不再說話。

半年之後，蘇格拉底眼看就要告別人世，最優秀的人選還是沒有眉目。助手非常慚愧：「我真對不起您，令您失望了！」

「失望的是我，對不起的卻是你自己。」蘇格拉底很失意地閉上眼睛，停頓了許久，才又不無哀怨地說：「本來，最優秀的人就是你自己，只是你不敢相信自己，才忽略、丟失了自己，每個人都是最優秀的，差別就在於如何認識自己、如何發掘和重用自己」

相信自己是優秀的人，才是真正的優秀，也最終能走向成功。科學家童第周先生說過一句話：「我並不比別人笨，別人能做到的事情，我努力後也一定能做到。」這就是對相信自己優秀最好的詮釋吧！

相信自己優秀並不是一句掛在嘴邊的口頭禪，而是做事的領頭羊、衝鋒陷陣中的急先鋒，只有相信自己優秀，才能用優秀的標準武裝自己的頭腦，進而武裝整個人生。其實，每一個人都很優秀，只是很多人缺乏發現自己優秀的眼光。優秀不只是一種觀念，更是一個事實，最重要的是我們怎麼去發掘。只有那些相信自己是優秀的人，才能把握自己的人生，讓生活綻放光彩。

## ★90%的人沒有充分發揮自己的才能

每個人都有特殊才能，無論我們處在何種境地，都不要忘記自己的才能。重用自己的人，就會不斷培養和豐富自己，他們富有創新和嚴於律己的精神，最終定能成就自己。就算你懷才不遇，大材小用，得不到別人的賞識與信任，我們也要重用自己。一個看不起自己的人，必定沒辦法得到他人肯定。只有重用自己，才能不被他人所左右，不被命運所擺布，最終厚積薄發，一飛沖天。

在一九四〇年代，美國紐約港務局有一名叫林克雷特的總工程師，非常敬業、有能力，在總工程師崗位上一待就是十幾年，並且有非凡的成績，得到從上到下的一致好評。

其實，林克雷特還有不少潛力尚未發揮，比如精於工程設計，經常會有一些大膽而新奇的構想。但老闆是個極其謹慎的精明人，總覺得他的想法太大膽、太冒險了，所以他的特長並沒有得到充分發揮。

轉眼到了六十歲的退休年齡，出於對崗位的熱愛，同時也覺得還有不少業務計畫等著自己大顯身手，林克雷特告訴老闆自己想留下來。但老闆遺憾地告訴他說：「這是規定，我也無能為力。」

林克雷特的妻子看到沮喪的丈夫，微笑著說：「退休了你應該高興才對。雖然我們改變不了客觀現實，卻可以改變自己。你有才華，又有自由的空間，完全可以去實現成為一名偉大工程師的夢想。」有時候，一句話就能改變一個人，妻子一句「重用自己」點醒了林克雷特，他很快走出失落感的誤區。從此，一個又一個令世人矚目的經典建築屹立在世界各地。

「重用自己」，竟使林克雷特做出了連自己都意想不到的貢獻，他成了一位當之無愧的建築大師。直到今天，他的建築經典仍然是許多大學建築系和工程系教科書上常用的範例。林克雷特被許多大學聘為博士生導師，也經常為學生上課，而每次上完課，總有人請他題詞留念，他最常寫的兩句話就是：

「埋怨別人，天昏地暗；改變自己，風和日麗。」

我們也許會遭到一些不公平的待遇，也許我們得不到重視，這些都不重要，只要我們重視自己，總有一天能得到自己所想。面對種種不如意，坦然接受，努力做最好的自己，便離成功不遠了。重用自己，就不會被他人所左右，不會拿別人的標準來衡量自己，不會使自己最終失去個性，才不會被虛名所累。

我們要對自己的前途充滿信心，要鼓勵、賞識和肯定自己，相信「天生我材必有用」，並且為此不懈奮鬥，自強不息。我們不必自輕自賤、自慚形穢，只有充分相信、重用自己，才能開拓未來。

自重者人方重之，乃千古不變的至理名言。

## ★你知道自己的優勢嗎

有權威學者透過研究，指出人類有四百多種優勢，這個數字對我們來說並沒有實際意義，但知道自己的優勢在哪裡很重要。了解自己的優勢，在生活、工作和事業發展中充分利用自己的優勢，這樣能更快走向成功。

公輸盤為楚國製造雲梯，製成後，楚國要用來攻打宋國，墨子聽說這個消息後，就趕到楚國阻止。墨子先設下圈套，誘使公輸盤說出「吾義固不殺人」，然後反駁其言；對楚王，墨子採取了和對付公輸盤相同的策略，讓他陷入以子之矛攻子之盾的困境；最後，墨子憑藉足夠的實力，迫使楚王不得不打消攻打宋國的念頭。墨子正是發揮了善辯的長處，使宋國轉危為安。

還有一個很經典的故事。

小兔子被送進了動物學校，牠最喜歡跑步課，並且總是得第一；最不喜歡的則是游泳課，一上游泳課牠就非常痛苦。但是兔爸爸和兔媽媽要求小兔子什麼都學，不允許牠有所取捨。小兔子只好每天垂頭喪氣地到學校上課，老師問牠是不是在為游泳成績太差而煩惱，小兔子點點頭，盼望得到老師的幫助。老師說：「其實這個問題很好解決，你跑步是強項，游泳是弱項，這樣好了，你以後不用上跑步課了，可以專心練習游泳。」

成功者都善於「揚長避短」，懂得發揮長處、彌補缺點的人，總是在進步。

可見，長處就是一個人的優勢，它會引導我們走向未來。

那麼，如何發現自己的長處呢？舉一個簡單的例子：很多人會發現，自己常常需要學習，需要不斷修正和演練；而在做某些事情時，卻幾乎是不用想就本能地完成，這就是你的優勢。

是兔子就跑，是鴨子就游泳，人生的訣竅就是發現自己的優勢，經營自己的長處。任何長處哪怕再微小、再不起眼，也可能是你改變命運的一大財富。

## ★激發自己的潛力

現代醫學與心理學認為，由於各種複雜的內部和外部原因，人的大腦機能存在一種抑制現象，使人們長期難以察覺自己的能力；而在意想不到的強烈刺激下，這種抑制被解除，蘊藏在人體內的潛能會突然爆發，產生一種神奇的力量。

著名心理學家威廉．詹姆斯指出：要使一個人真正努力確實很困難，因為人們通常在短暫努力後會感到很疲倦，很少有人能推動自己穿過疲乏層面，發掘隱藏的潛力。

科學家指出，人的能力有 90％以上處於休眠狀態，尚未被開發。

由此看來，每個人的潛力都是無限的，只要我們真正推動自己，多發掘自己的一些潛能，就會取得驚人的效果。

俄國戲劇家史坦尼斯拉夫斯基在排練一場話劇時，女主角因故不能參加演出，出於無奈，他只好讓他的大姐擔任這個角色；可他大姐從未演過主角，自己也缺乏信心，所以排演得很糟，這使史坦尼斯拉夫斯基非常不滿，他很生氣地說：「這是全戲關鍵，如果女主角仍然演得這麼糟，這齣戲就不能再排下去了！」這時全場默然，受屈辱的大姐久久沒有說話，突然她抬起頭來堅定地說：「排練！」並一掃過去的自卑、羞澀、拘謹，演得非常自信、真實。史坦尼斯拉夫斯基高興地說：「從今往後，我們有了一個新的大藝術家。」

美國的笛福森在四十五歲以前，一直是一名默默無聞的銀行小職員。周圍的人都認為他是一個毫無創造才能的庸人，連他自己也看不起自己；然而，在他四十五歲生日那天，他受到報上登載故事的刺激，立下大志，決心成為大企業家。從此他判若兩人，建立起自信和頑強毅力，破除無所作為的思想，潛心研究企業管理，終於成為一位頗有名望的大企業家。

顯而易見，史坦尼斯拉夫斯基的大姐如果沒有受到屈辱的刺激，她身上的表演潛力便不可能迸發；同樣，如果不是報紙刊載的故事的刺激，笛福森也不可能成為一個大企業家。可見，外力的刺激對一個人潛能的發揮影響很大。很多人才被埋沒，就是因為缺少這種刺激。一個人若是缺乏信心和勇氣，自卑、懶惰、安於現狀、不思進取，那很容易就會被淘汰和埋沒。

托爾斯泰曾說：「大多數人想改造這個世界，卻罕見有人想改造自己。」事實的確如此，試問：我們如果不激發自己的能力，又如何改造這個世界呢？

在每個人生命中，都會面臨一些窘境，會有失去信心的時刻，有些人就因此畫地為牢，白白浪費了無限潛能。其實，世上沒有絕對的事，有時換一個思維或角度，原先認為根本做不到的事情，或許就能輕易達成。

## ★做喜歡的事同樣可以成功

一個人能夠做喜歡的事是幸福的，我們每個人都要找到自己人生的位置。興趣是最好的老師，找到自己喜歡做的事，就成功了一半。

一五六四年，莎士比亞誕生在英格蘭中部美麗的雅芳河畔，他的父親約翰．莎士比亞是名精明能幹的商人，主要經商手套、羊毛、皮革等物，並且在市議會兼任一份公職。

# 第九章　活出真正的自我

## 做喜歡的事同樣可以成功

七歲的時候，父親將威廉送到一所文法學校，可他卻不用功，總是被老師用教鞭提醒讀書。他不喜歡那些古板的祈禱文，他喜歡閱讀古羅馬作家用拉丁文寫的歷史故事，喜歡一個人在郊外的田野漫遊，聽秋蟲鳴叫。尤其是每年五月，小城史特拉福熱鬧非凡，戲班從倫敦到這裡舉行表演，這是一年中威廉最快樂的日子。他每場演出必到，戲班走到哪裡，他就跟到哪裡，癡迷地觀看每一場精彩的演出，直到戲班離開史特拉福城為止。這一現象使威廉的母親瑪麗憂心忡忡，她怕有一天獨生子會拋下她，跟著戲班遠走高飛。

十四歲時，威廉離開了學校，來到父親的店鋪幫忙。但他對針織手套、收購羊毛等工作並不感興趣，仍然迷戀著戲班和戲劇；幾年以後，威廉結婚了，隨之而來的是沉重的生活壓力。為了能夠賺錢養家，莎士比亞離開了小城史特拉福，決定到倫敦闖一闖。在倫敦，他幾乎什麼工作都做：寫歌詞、替人購物、在碼頭做搬運工，但這些都不是莎士比亞所喜歡的，他最嚮往的還是劇場。一有空閒，莎士比亞就到泰晤士河邊的幾家劇場附近閒逛。他多麼想進去看看裡面正在上演的戲劇啊，可是他沒有錢，只能在門外看宣傳廣告，猜想著劇中人的模樣和故事情節。每逢演出季節，莎士比亞都會看著劇場上空飄揚的五顏六色的旗幟，心想：我一定要讓我寫的劇本在這裡上演！

後來，他在一家劇院找到一份工作，主要是替客人看管衣帽，服侍有錢的觀眾上下馬車，還有在後台打雜。從此，莎士比亞可以真正接近戲劇了。一有空閒，他就躲在後台靜靜地觀看演員排練，這裡成了他的戲劇學校，就是在後台，孕育了一位名垂青史的戲劇大師。

莎士比亞不僅看戲，還自己練習寫戲。夜裡劇場散了以後，莎士比亞就躲在自己的小屋裡，在昏暗的燭光下寫劇本。廉價的包裝紙成了他記錄靈感最好的稿紙。一五九二年新年，對於莎士比亞來說是個難忘的日子，他的劇本《亨利六世》在倫敦最大的三家劇場之一——玫瑰劇場上演。莎士比亞的名氣一炮打響，《亨利六世》的賣座收入竟達到了整個演出季的高峰，劇場老闆看中了他，與他簽訂了寫劇本的長期合約。

莎士比亞的名氣越來越大，他的作品在英國一次又一次引起轟動，就連英國女王也對他大加讚賞，決定授予他爵士稱號和族徽。族徽在當時是一種極高的獎賞，上面刻著長槍、老鷹、頭盔和一句「並非無權」的名言。但是，莎士比亞並沒有自我滿足，他開始向自己挑戰，決心寫出更多、更好的作品來。很快，《理查三世》、《威尼斯商人》、《溫莎的風流娘兒們》、《哈姆雷特》、《奧塞羅》、《李爾王》等相繼上演。其中，悲劇《哈姆雷特》的轟動效應，更使莎士比亞登上了藝術頂峰。

雖然莎士比亞賺了許多錢，但他仍然迷戀戲劇。他將女王的賞賜和自己所賺的錢集中，投資建設了著名的環球劇場，而沒有用來經商或做別的生意。所以說，莎士比亞的一生，是為戲劇而活的一生。

心理學認為，當一個人從事自己所喜愛的職業時，才能有愉快的心情、積極的態度，而且才有可能發揮最大的才能，創造最佳的成績，莎士比亞就是一個極有力的例證。

如果少年時代的莎士比亞聽從了父親的安排，去從事自己不喜歡的經商職業，就算他付出再大的努力和再多的勞動，也不會比取得的藝術成就更大。只有從事自己熱愛的行業，才能發揮出極大的熱忱和非凡的創造力，才能取得驚人的成績，摘取成功的桂冠。

## ★跟隨自己的心

如果我們事事太在乎別人的看法，就失去了生活的主動性，會為自己增加負擔，而不能很好地完成事情。所以，我們要堅持自己的看法，做自己認為對的事情，絕不因外界的議論而停止行動。

或許，那些自以為很受別人關注的人，其實並不是別人關注的對象。

調查顯示：據統計，夫妻之間，一方衣著、髮型以及表情等外在表現有明顯變化時，能夠及時發現的另一方大約不到 50％。也就是說，有一半的人對配偶的一些小變化反應非常遲鈍，朝夕相處的人尚且如此，更何況是其他人？

因此，其實別人沒有像我們想像中那樣關注我們，每個人都有要忙的事情，很少有人會花很多時間和精力關注別人。因此，別人的看法並不是非常重要，自己的感受才最重要，故我們要學會關注自己的選擇，而不要被他人的言論所左右。

《伊索寓言》有這樣一則故事：

從前，一位老人帶著孫子到小鎮趕集，他們牽著一頭驢，準備到市場賣掉。兩個人走了一段路，遇見一個路人，這個路人看著祖孫二人說：「有驢子不騎，真是傻！」老人聽了覺得有道理，於是抱起孫子一起騎上驢背，繼續趕路。

沒走多久，二人又遇到一個農夫，那農夫指責他們說：「你們兩個太沒有人性了，驢子都被你們壓得喘不過氣了。」

老人聽路人這麼一說，連忙從驢背上跳了下來，讓孫子一個人騎在驢背上，自己則牽著驢子步行。

不久，他們路過一座小茶樓，茶樓的老闆是一個老婆婆，正站在外面忙活計。看到二人，那老婆婆道：「這是什麼世道啊！小孩子怎麼這樣不懂事，只顧著自己享受，讓老人走路。」

老人一聽，覺得老婆婆說的也很有道理，於是就吩咐孫子下來牽驢，自己騎上去。

走著走著便到了鎮上的一條大街，路邊的幾個婦女見他們過來，便七嘴八舌地議論起來：「嗨！這個老人怎麼這樣狠心，自己倒是很會享受，卻讓小孩子受苦！」

老人聽後，臉一下子就紅了，心想：「這也不是，那也不是，到底怎麼樣才對呢？」

老人和孫子一合計，只剩下一個辦法了。於是兩人用盡了力氣，將驢子扛起來行走。這下子路邊的人都圍了上來：「有驢子不騎，真是傻！」「第一次看見扛著驢子走的人！」「老頭是不是老糊塗了？」

無論我們做什麼事情，都會招來別人的議論。對於這些評價，我們大可以淡然處之，千萬不能被其控制，喪失自己的原則。在乎別人言論的人，行動勢必會畏首畏尾，讓自己處在緊張和焦慮之中。所以，明智的人只會做自己認為對的事，而不太看重他人的評論。

因為別人的評價而改變自我，無疑是愚蠢的。按別人的評價來決定自己的行為，往往達不到自己預期的效果，無法完成計畫之內的目標。自己才是最了解自己的人，我們要相信自己的判斷。

看看那些較有主見的人，都是善於堅持自我、不隨波逐流的人，知道自己真正想要的是什麼，自信且充滿活力和行動力。

盛田昭夫就是這樣一個有自信，並敢於與眾不同的人。

一九八〇年代初期，廣受年輕人喜愛的「隨身聽」，是日本 SONY 公司董事長盛田昭夫根據個人靈感和創意而研發的得意傑作。

當初，當他把隨身聽這個產品的構想在公司的產品設計委員會上提出之後，除了一名年輕人興致勃勃表示這是個非常棒的構想之外，其他人都反對。盛田昭夫堅持自己的想法，力排眾議，開始著手研發這一構想。

隨身聽上市之後，立即引起年輕人的搶購，銷售量勢如破竹，幾創紀錄。隨身聽的成功，事後被認為是一項了不起的構想，如果當初盛田昭夫不堅持自己的想法，與公司成員商討不下，那麼這個偉大的構想可能會成為泡影，盛田昭夫表現出的就是一種成大事者不謀於眾的氣魄。

所以，不要因為外界不同的聲音而懷疑自己，一個人不可能讓全世界的人都滿意，接受不完美，才能讓自己的心靈得到解脫。我們只要按照自己的方式行動，對自己負責，就能正確面對別人的議論。一個相信自己、做自己的主人的人，才是最快樂、最成功的人。

## ★找到自己的不足就是頓悟

俗話說：「金無足赤，人無完人。」每個人都有優點與缺點，這是我們沒辦法改變的一個事實，我們只有正視它們、取長補短、發揮優勢，才有可能成功。

正視優點一般來說比較容易，但是要正視自己的缺點就有難度了。正視自己的缺點需要有足夠的勇氣，需要有開闊的胸襟和樂觀向上的精神。

我們會對缺點比較敏感，一般情況下，都不願意正面面對它，甚至，有些人乾脆自我麻痺，不願意接受自己的不足。長此以往，我們的缺點不僅無法改善，而且還會越積越多。

豬八戒手持九尺釘耙站在鏡子前，鏡中映出他那醜陋的樣子，他一氣之下把鏡子打破了；可是當他打破鏡子後，低頭一看，無數的碎鏡片中，又映出無數個自己醜陋的模樣。

豬八戒就是不願意接受現實的典型，他的醜陋不可改變，即使打破鏡子也於事無補。正確的做法應該是面對現實，做一個真正的勇者，而不應該做只會打破鏡子的懦夫。

鳳雛先生相貌醜陋，可是火燒赤壁時，他所立下的功勞蓋過周瑜、孔明；姜子牙年過八旬，可他一樣的建功立業；海倫．凱勒是一個盲聾人士，可是她卻學到了許多一般人沒學過的事物；霍金雖身患奇症，但他的黑洞理論確實無人可及。他們就是正視不足、克服自己的缺點，而走向成功的典型。

我們常常聽到一些修養不足的人這樣說：「癩蛤蟆想吃天鵝肉！」懦夫聽罷可能會羞惱而退，私下悔過；可是勇者就不會這樣做，他們會幽默而又有涵養地微笑著說：「我是不好看，可是與豬八戒相比，我可英俊多了！只要癩蛤蟆夠大，別說是天鵝肉，就是整隻天鵝也早晚成為口中之物！」這樣一來那些人還能說什麼呢？

這種對待缺點的豁達態度，值得我們每個人借鑑。就算是再偉大的人，也會有不足，更何況是平凡人呢？只要我們不在缺點面前低頭、自卑，那麼我們就是一個勇者。古話說：「勇者無懼。」正視自己缺點的人最終會取得成功。

勇敢面對自己的缺點，我們就有了對抗壓力的信心，就有了挑戰命運的動力。

臺灣著名畫家謝坤山面對失去一條腿、一隻手和一隻眼的身體缺陷，憑藉莫大的勇氣，不顧連上廁所都尷尬的局面，不顧沒有任何畫畫基礎的現實，終於在畫布上揮灑出精彩的人生，靠的就是那份「我要養活自己」的信念。

當代作家史鐵生，在二十歲時突然雙腿癱瘓，面對身體的嚴重不足，他感到絕望，曾想到死；但後來他挑戰了自我，抗衡了消極心理，他解放了被死亡奴役的心靈，發揮愛好文學的特長，終於在文壇上樹立自己的地位。可以說，如果沒有正視自己的不足，就無法在文壇的挑戰自我，就沒有他的功成名就。

所以，人要有正視自己不足的胸襟和膽識。只有正視自己的不足，才能大踏步向前，到達成功的彼岸。

## ★活出自己的個性

可以說，世上萬物都有其獨特的個性，人或事都是如此。

每個人都有自己的脾氣秉性，都是芸芸眾生中的一分子，保有自己獨特的個性和人格魅力，才能讓人生五彩斑斕。

清乾隆年間有位著名的書法家叫劉石庵，他融會百家之長，形成獨特的藝術風格。劉石庵收了個弟子，是書法家翁方綱的女婿。翁方綱的書法講究「筆筆有來歷」，處處學習古人，若有一筆不像，便認為是敗筆。

一次，女婿問他如何評價劉石庵的書法，翁方綱不屑地說：「去問問你的老師，他的哪一筆是古人？」女婿見了老師劉石庵，真的問了這句話，劉石庵沉吟片刻，說道：「你且回去問問你岳父，他哪一筆是自己？」

劉石庵的書法由於體現了自己的風格，一直受到書法愛好者的推崇；而翁方綱由於處處模仿古人，失去了藝術個性，因而人們對他的評價遠遠比劉石庵低。

一個人只有清楚自己的優點和個性，並盡情發揮，才是成功者，這樣的人無論到哪裡，都落落大方。

愛迪生說過：「羨慕就是無知，模仿就是自殺。不論好壞，你必須保持本色。雖然廣闊無垠的宇宙之間充滿了好東西，但是除非你耕作那一塊屬於自己的田地，否則絕無好的收成。」所以，我們要從獨特的視角出發，創造和改變自己，讓自己成為這個世界一道獨特的風景。

王羲之是東晉時代的偉大書法家，他精通楷、行、草、隸諸體，尤其擅長楷書、行書，享有「書聖」的美譽。

王羲之出身於當時的豪門望族，父輩中有不少著名的書法家，所以他從小就對書法產生了濃厚興趣，七歲就跟著父親和幾位叔伯學習書法，到十歲時已能寫出一筆好字，經常受到長輩誇獎。十一歲那年，王羲之偶然在父親王曠的枕頭下發現了一本叫做《筆談》的書，便如醉如癡地投入，不久就被父親發現了。王曠認為他年齡太小，應該等長大後再研讀這類書。王羲之爭辯說：「等長大再學，豈不成了日暮之學，白白浪費了年華嗎？」王曠見兒子人小志大，也很高興，就向他詳細講解了《筆談》的內容。在父親的指導下，僅幾個月的功夫，王羲之的書法水準便更上一層樓。

後來，王羲之覺得父親所能教的東西都已掌握，於是轉拜著名的女書法家衛夫人為師。跟衛夫人學了一段時期之後，王羲之的書法又精進不少，寫的字十分圓轉成熟，連衛夫人也不得不驚歎道：「青出於藍而勝於藍，這孩子將來的成就一定會超過我！」

王羲之也很得意，認為自己學衛夫人已很有成就了，直到他渡江北上，遍遊名山大川，見到一些書法名家的碑帖後，才知道自己只向衛夫人學習遠遠不夠，於是又轉向眾碑學習。他細心追慕李斯、曹喜、鍾繇、梁鵠、蔡邕、張昶等書法名家的碑帖，尤其對鍾繇的楷書、張芝的草書借鑑頗多。他評價自己的書法說，比起鍾繇的書法，可說是分庭抗禮，或者還要略勝一籌；比起張芝的書法來，那應該是並駕齊驅。

王羲之的書法達到極高的境界，與他的這種博采眾家之長分不開；但如果僅限於此，那麼他就不是「書聖」了。事實上，在研習各家書法到一定程度之後，王羲之也曾陷入一種迷茫。他一度感覺自己的書法似乎停滯不前，但又找不到其中的緣故。字練得越多，失落感反而越強烈。他以為是自己還不夠用心，於是就關在書房裡，一邊練字，一邊冥思苦想。走路、吃飯、閒談的時候，也總是想著筆法，用手指到處指指畫畫。

據說一天晚上，王羲之練完字，上床睡覺的時候已經很晚了。王夫人側著身子，睡得正熟。王羲之還在想著書法，就習慣性地拿手指在夫人的背上練字。王夫人往裡面挪了挪，說了一句：「你有你體，我有我體，幹嘛往我身上寫呢？」

「你有你體，我有我體」這八個字被王羲之聽在耳裡，頓時茅塞頓開。他想：是啊，自己以前大部分時間都在學習別人，現在是時候塑造自己獨特的風格了。

世界上的每個人都是獨一無二的，這是我們應該慶幸的事。

我們要把大自然賦予我們的特性發揮到極致，才能奏響生命的華麗樂章。

# 第十章　心的力量就是宇宙的能量

## ★心態是成功的原動力

積極的人生態度是成功的催化劑，它能讓人更加溫暖、活潑並富有情趣；而不良的心態，也會直接為生活帶來消極的影響。因此，培養良好心態很有必要。

那些獲得巨大成功的人，他們都能自覺地將鋼鐵般的意志貫穿於每一次行動，這已成為他們的一種習慣，這就是好心態帶來的效果。

擁有良好心態的人，不會害怕各種挫折，他們會把這些當成一種歷練，不迷茫，不沮喪；他們懂得從失誤中尋找原因，吸取教訓，從而使自己走在正確的路上。好心態的人遇到失敗時不會急躁氣餒，他們在哪裡跌倒，就在哪裡站起來，堅定地走向成功；他們樂於接受挫折的考驗，緊緊把握每一次走向輝煌的良機。

一個星期六的早晨，一名牧師正在為演說詞傷腦筋。他的太太出去買東西，外面下著雨，小兒子又煩躁不安，無事可做，跑來找他玩。

他隨手拿起一本舊雜誌，順手一翻，看到一張色彩鮮麗的巨幅圖畫，那是一張世界地圖。於是他把這一頁撕下來，把它撕成小片，丟到客廳地板上說：「強尼，你把它拼起來，我就給你兩毛五分錢。」牧師心想他至少會忙上半天，誰知不到十分鐘，書房就響起了敲門聲，他兒子已經拼好了。牧師驚訝萬分，強尼居然這快就拼好了，每一片紙都整整齊齊地排在一起，整張地圖又恢復了原狀。

「兒子啊，你怎這快就拼好啦？」牧師問。

「噢，」強尼說：「很簡單呀！這張地圖的背面有一個人的照片。我先把一張紙放在下面，把人的照片放在上面拼，再放一張紙在拼好的圖上面，再翻過來就好了。我想，假使人拼得對，地圖也應該拼得對。」

牧師忍不住笑起來，給了他一個兩毛五的鎳幣：「你把明天布道的題目也給我了。」他說：「假使一個人是對的，他的世界也是對的。」

這個故事具有非常深刻的教育意義，它告訴我們：我們感受世界的角度，取決於我們的態度。如果你不滿意自己的環境，想力求改變，首先應該改變自己。即：如果你是對的，你的世界也是對的。假如你有積極的心態，你在前行的過程中碰到的所有問題都會迎刃而解。

當一個人擁有良好的心態，他的生活就會陽光燦爛，遠離埋怨，也不會花時間無謂的後悔。猶太籍心理學家約翰曾說：「即便置身於陰暗的洞窟，我們也要活出陽光的滋味，這就是我們的生命年輕，並像初升朝陽一樣生機勃勃的唯一祕訣。」這便是對「擁有良好的心態」最形象、最生動的詮釋。

無論是李白的「天生我材必有用，千金散盡還復來」，還是劉禹錫的「病樹前頭萬木春」，都表達了一種豁然、積極的人生態度。李白的豪放樂觀，劉禹錫的不怕挫折的勇氣，無疑是好心態的「代名詞」，我們在借鑑古人智慧的同時，更要注重自身心態的培養。

擁有良好的心態能讓我們感受愉悅，獲得情感的慰藉；同時，也能給我們強大的精神支撐力，讓溫暖的陽光照進心靈。

## ★態度決定高度

不是每個人都能有顯赫家世和名牌學歷，如果你不是這個幸運兒，那麼唯一能讓你走向卓越的金鑰匙，就是「態度」。

一九九七年十二月，英國報紙刊登了一張英國皇室查爾斯王子與一位街頭遊民合影的照片。這是一段戲劇性的相逢！原來，查爾斯王子在寒冷的冬天拜訪倫敦窮人時，意外遇見了以前的校友。這位遊民克魯伯．哈魯多說：「殿下，我們曾經就讀同一所學校。」王子反問，「在什時候？」他說，在山丘小屋的高等小學，兩人還曾經互相取笑彼此的大耳朵。

曾經的同學，如今的地位卻有天壤之別：一個是眾人仰慕的王子，而另一個卻淪落街頭，這是多令人感慨的際遇。克魯伯．哈魯多原本出身於金融世家，就讀貴族學校，後來成為作家，他憑著老天爺送的兩把金鑰匙——「家世」與「學歷」，很快躋身成功者俱樂部。但是，兩度婚姻失敗的克魯伯開始酗酒，最後由一名作家變成了街頭遊民。仔細分析不難發現，真正打敗克魯伯的不是兩度失敗的婚姻，而是他的態度，從他放棄「正面」的態度那一刻起，他就輸掉了一生。

臺北市陽明山上一棟別墅的翻修現場，二三十名工人在四個樓層中忙碌，五十九歲的瓷磚師傅吳清吉蹲在地板上，專注地丈量瓷磚的水平線。經濟不景氣讓很多建築師傅失業，吳清吉的工作卻已經排到明年。他長年在鴻禧山莊、陽明山、臺北市信義計畫區等地的豪宅打轉，為副總統、部長、大老闆的房子忙碌。他價格開得很高，要等待的時間也很長，但工作還是接不完。

吳清吉，一個只有國小學歷、年近六十歲的藍領工人，應該是職場競技場的被淘汰者，卻如此炙手可熱。他不像克魯伯能與查爾斯王子讀同樣的貴族學校，卻擁有另一把更可貴的人生金鑰匙，追求一百分的工作態度，改變了人生下半場。

吳清吉與克魯伯・哈魯多有完全不一樣境遇的原因，就是他們的人生態度。

曾被《華爾街日報》譽為「態度之星」的凱斯・哈瑞爾在其著作《態度萬歲》中指出：要培養態度，首先必須先找出人生的「目標」與「熱情」，沒有了「目標」與「熱情」，很容易迷失方向，深陷於挫折。有了夢想，就要立即寫下，並為它制定下可操作的行動策略，只要目標一確定，就要告訴自己「永不放棄、永不停止」，並勇敢面對任何挑戰。

一個人要是有了正確的態度，就能在生活、事業上達到一定的高度。無論你是否出身名校，是否有留學經歷，都應該腳踏實地的一步步向前，不要期望一步登天，不屑眼下的東西。只要看準了自己的方向，我們就要不辭辛勞，用超然的態度面對各種挑戰。就算你是博士、碩士，也不能擺出高高在上的姿態，而應該拿出瓷磚師傅、木工師傅那種追求完美的態度，努力跨越各種障礙，取得更大的成就。在複雜紛擾的生活中，態度就是我們走向成功的一把萬能「金鑰匙」！

總而言之，我們的幸福與自己的人生態度密切相關。一個態度積極、豁達開朗的人，能帶給自己和旁人愉悦，就會是一個受歡迎的人，勢必會有良好的人際關係，最終能贏得財富和地位。態度對一個人極其重要，直接決定其生活與工作的成與敗。對我們每個人來説，態度就是一種財富，有良好的態度，就能活出生活的高度。

## ★超越自己而不是與別人比較

在我們的生活中，總會看到有些人似乎比別人更卓越、更成功。他們的生活被很多人所羨慕：多金、地位崇高、事業有成。而我們大多數人都是平凡，忙忙碌碌卻只能勉強維持生計。其實，人與人之間並沒有多大的差別，每個人的智力也都差不多，那是什讓人的境遇變得如此不同呢？

有心理學專家指出，這個答案就是「心態」——心態是一個人真正的主人。上帝是公平的，它給每個人均等的成功機會，但最後支配並決定成敗的，是個人心態的好壞。英國文豪狄更斯說：「一個健全的心態，比一百種智慧都更有力量！」這就充分說明，健康的心態和智慧能改變人的一生，為生命增光添彩。

數十年前，某貧窮鄉村裡有兄弟兩人。他們承受不了窮困，決定離開家鄉，到海外發展。大哥好像幸運些，被奴隸主賣到了富庶的三藩市，弟弟則被賣到更窮困的菲律賓。

數十年後，兄弟倆又幸運地聚在了一起，他們已今非昔比。哥哥當了三藩市的僑領，擁有兩間餐館、兩間洗衣店和一間雜貨鋪，而且子孫滿堂，有些承繼衣缽，又擁有一些成為傑出的工程師等科技專業人才；而弟弟居然成了一位享譽世界的銀行家，擁有東南亞相當分量的山林、橡膠園和銀行。經過幾十年的努力，他們都成功了，但為什兄弟兩人在事業上的成就，卻有如此大的差別呢？

哥哥說，到白人的社會，既然沒有什特別的才幹，唯有用一雙手煮飯給白人吃，為他們洗衣服。總之，白人不肯做的工作，華人通通包辦，生活沒有問題，但事業卻不敢奢望了。例如子孫，書雖然讀得不少，卻也不敢妄想，唯有安安分分地做一些技術性工作謀生。

看見弟弟這般成功，哥哥不免羨慕弟弟的幸運。弟弟卻說沒有幸運，初來菲律賓的時候，他也擔任低賤的工作，但發現當地人有些比較愚蠢和懶惰，於是便接收他們放棄的事業，不斷收購和擴張，生意便逐漸做起來了。

這對兄弟的奮鬥經歷向我們闡述了這樣一個事實：影響我們人生的絕不僅僅是環境，而心態控制了個人的行動和思想。同時，心態也決定了自己的視野、事業和成就。

一個人能否成功，心態占主導地位。成功者與失敗者的差別就是：成功人士遠離消極，支配他們人生的是最積極的思考、最樂觀的精神和最輝煌的經驗；失敗者剛好相反，他們的人生受過去的種種失敗所支配。

成功源自心態，成功從「心」開始。堅持用雄心、信心、決心、愛心、專心、誠心、耐心、恒心、虛心、靜心等所有正面的心理力量激勵自己，培養並永不滿足、超越自己的積極心態，就一定能贏得人生的成功！

## ★堅持讓夢想成真

夢想需要用心靈的力量保護，需要持之以恆，所以會有痛苦焦慮，會有矛盾掙扎。很多人因為種種原因，最終放棄了夢想，或者把夢想演變成一種精神鴉片，變成了白日夢，成日沉溺於幻想而不付諸行動這樣的人生，都是有缺憾的人生。

一個失去夢想的人，是最值得同情的「窮人」，他毫無鬥志，覺得生活百無聊賴，於人於己都沒有

## 第十章　心的力量就是宇宙的能量

### 堅持讓夢想成真

好處，而堅定地追求自己的夢想的人，值得他人敬佩。

有一塊石頭在深山裡寂寞地躺了很久，它有一個夢想：有一天能夠像鳥兒一樣飛翔。當它把自己的理想告訴同伴時，立刻招來同伴們的嘲笑：「瞧瞧，什叫心比天高，這就是啊！」「真是異想天開！」這塊石頭不理會同伴們的閒言碎語，仍然懷抱著理想等待時機。

一天，莊子路過這裡，它知道這個人有非凡的智慧，就把夢想告訴他。莊子說：「我可以幫你實現，但你必須先長成一座大山，這可是要吃不少苦。」石頭說：「我不怕。」

於是石頭拚命地吸取天地靈氣，承接雨露惠澤，不知經過多少年，受了多少風雨的洗禮，它終於長成了一座大山。於是，莊子招來大鵬以翅膀擊山，一時間天搖地動，一聲巨響後，山炸開了，無數塊石頭飛向天空，就在飛的一剎那，石頭開心地微笑。但是不久，它就從空中摔下來，仍舊變成當初的模樣，落在原來的地方。莊子問：「你後悔嗎？」「不，我不後悔，我長成過一座山，而且體會過飛翔的快樂！」石頭說。

看來，生命的意義在於去追逐夢想並實現。也許，在我們追夢的途中，會有很多不同的聲音，但無論怎樣，我們都要堅定自己的信念。

美國某個小學的作文課上，老師給小朋友的作文題目是——「我的志願」。

一位小朋友非常喜歡這個題目，在他的筆記本上飛快寫下他的夢想。

他希望將來自己能擁有一座占地十餘公頃的莊園，在廣闊的土地上種滿如茵的植物，莊園中有無數的小木屋、烤肉區，以及一座休閒旅館。除了自己住在那兒之外，還可以和前來參觀的遊客分享自己的莊園，有住處供他們歇息。

寫好的作文經老師過目，這位小朋友的作文上被畫了一個大大的紅「×」，發回到他手上，老師要求他重寫。

小朋友仔細地看了看自己所寫的內容，並無錯誤，便拿著作文本去請教老師。

老師告訴他：「我要你們寫下自己的志願，而不是這些如夢囈般的空想，我要實際的志願，而不是虛無的幻想，你知道嗎？」

小朋友據理力爭：「可是，老師，這真的是我的夢想啊！」

老師也堅持：「不，那不可能實現，那只是一堆空想，我要你重寫。」

小朋友不肯妥協：「我很清楚，這才是我真正想要的，我不願意改掉我夢想的內容。」

老師搖搖頭：「如果你不重寫，我就不讓你及格了，你要想清楚。」

小朋友也跟著搖搖頭，不願重寫，而那篇作文也就得到了一個大大的「E」。

事隔三十年之後，這位老師帶著一群小學生到一處風景優美的度假勝地旅行，在盡情享受無邊的綠草、舒適的住宿，以及香味四溢的烤肉之餘，他望見一名中年人向他走來，並自稱曾是他的學生。

這位中年人告訴他的老師，他正是當年那個作文不及格的小學生，如今，他擁有這片廣闊的度假莊園，真的實現了兒時的夢想。

老師望著這位莊園的主人，想到自己三十餘年來不敢夢想的教師生涯，不禁喟歎：「三十年來為了我自己，不知道用成績改掉了多少學生的夢想。而你，是唯一保留自己的夢想，沒有被我改掉的學生！」

可見，在人生中只有捍衛自己的夢想才能成功，不能讓任何人偷走我們的夢想。喪失了夢想的人，只是一個沒有靈魂的軀殼，他們在生活中淪為平庸，最終也讓自己的人生失去意義！

找回自己的夢想吧，讓夢想締造我們生活的意義，讓夢想點燃我們對生活的熱情，讓夢想賦予我們戰勝一切的力量。當我們懷著夢想，並義無反顧地為之而奮鬥的時候，整個世界才流光溢彩。

## ★信念的力量不可思議

海倫．凱勒說：「信念，這強烈的精神搜尋之光，照亮了道路，雖然兇險的環境在陰影中潛行，我卻毫無畏懼地走向『魔林』」。

下面這個故事就很好地詮釋了信念的力量。

在美國，有位名叫亨利身世不詳的青年，已經三十多歲了，卻依然一事無成，整天只會坐在公寓裡唉聲歎氣。有一天，他的一位好友興高采烈地找到他說：「亨利，我看到一份雜誌，上面有一篇文章講拿破崙的一個私生子流落到美國，而他私生子的特徵幾乎和你一樣：個子很矮，講的是一口帶有法國口音的英語。」亨利半信半疑，但他願意相信這是事實。

在他拿起那份雜誌琢磨了半天之後，他終於相信自己就是拿破崙的孫子。之後，他對自己的看法竟完全改變了，以前，他自卑自己個子矮小，而現在他欣賞自己的正是這一點：「個子矮有什關係！當年我爺爺就是以這個形象指揮千軍萬馬。」過去，他總認為自己的英語講不好，而今他以講一口帶有法國口音的英語而自豪；每當遇到困難時，他總是這樣對自己說：「在拿破崙的字典裡沒有『難』這個字！」就這樣，憑著自己是拿破崙孫子的信念，他克服了一重又一重困難，僅僅三年，他便成為一家大公司的總裁。後來，他派人調查自己的身世，卻得到了相反的結論，然而他說：「現在，我是不是拿破崙的孫子已經不重要了，重要的是，我懂得了一個成功的祕訣，那就是——當我相信時，它就會發生！」

由此可見，有了信念這個脊梁，我們的靈魂就永遠不會迷失方向。

在平面上，大家都熟知的一個定律就是「兩點之間的直線距離最短」；然而在生活中，就不能這簡單地思考問題了。對我們每個人來說，各自的成長的環境都不同，心理狀態也不一樣，不少人都會因為一時的迷茫、惆悵而走了彎路，在預定的路上偏離了目標的方向。這就好像攀登高峰，高峰僅此一座，但登山的路線卻有很多，至於能登多高或否能攀上巔峰，則完全取決於你的信念。當你沒有相信自己能完成的信念時，就算是鼴鼠堆起來的土堆，你也會覺得它是萬仞高山，面對高峰，你就會徘徊退卻，自然攀不上巔峰。

信念的力量不可估量。亨利成功後說：「當我相信時，它就會發生！」是的，這就是信念的力量。人生是船，信念是槳；人生是樹，信念是根。沒有船槳的划動，船就會停滯不前；沒有根的支持，樹就無法高聳入雲。信念，無疑是走向成功的必經途徑。假如一個人在心裡總是不停地埋怨自己，懷疑自己的能力，那他在今後的人生中，肯定也不會有傲人的成績；相反，若一個人發自內心地肯定自己、鼓勵自己，那他將在人生中獲得成功，贏得自己想要的東西。

無論何種境地，無論什時候，都不能失去信念，只要你心懷希望，只要相信自己能夠做到，就會有意想不到的奇蹟發生！

## ★思考才能提升你的生活品質

一個人的思維決定了他的成就。那些取得巔峰成就的人，一般都擁有積極心態。在我們的生活中，有很多成功的例子，也有很多失敗的教訓，不過有一點可以肯定：那些成功的人，都有一種積極心態，有積極思考的習慣。生活就像一面鏡子，你怎麼面對，就會映射出什樣的結果，當你凡事都往好的方面思考時，就會得到很好的答案；之，當你往壞處去想時，就會得到一個不盡如人意的答案。我們思考問題的方式，決定了我們生活的品質，兩者緊密相連。所以，我們要讓積極思考的習慣主導自己的人生。

著名歌唱家帕華洛帝三十歲那年的初夏，應邀到法國里昂參加一個演唱會。到達里昂的第一天晚上，為了養精蓄銳，帕華洛帝很早便上床睡覺；但不一會兒，隔壁房間嬰兒的啼哭聲把他吵醒了。他並沒有在意，翻身繼續睡，可是那孩子好像專門和他作對似的，竟然一直哭個不停。帕華洛帝用被子蒙住頭，可是那極具穿透力的哭聲仍然像幽靈一樣，時刻環繞在他的耳旁，即使再加上兩個枕頭蓋住頭也無濟於事。又急又惱的帕華洛帝被折磨得睡意全無，只好披著被子在房間裡來回踱步，並祈禱上帝讓隔壁孩子的哭聲盡快停止。

但那個孩子可能不相信上帝，哭聲根本沒有停止的跡象，而且每一聲都跟第一聲一樣洪亮。這時，帕華洛帝突然想：「孩子的哭聲與我歌唱不是一樣嗎？」於是，他索性把孩子的哭聲當作歌聲來欣賞了；漸漸地，他竟佩服起那個孩子來，因為想到自己唱歌唱到一個小時時嗓子就沙啞了，而這個孩子哭了一兩個小時聲音卻仍然洪亮如初。

帕華洛帝立刻轉怒為喜，急忙將耳朵緊貼牆壁，認真傾聽起孩子的哭聲來，很快就有了新發現：孩子快要哭到沒力的時候，就會把聲音拉回來，這樣聲音就不會破裂，這說明孩子是在用丹田而不是用喉嚨發音。於是，帕華洛帝也開始學著用丹田發音，試著唱到最高點時再慢慢地拉回來。就這樣帕華洛帝練了一個晚上，在第二天的演唱會上，他以飽滿洪亮的聲音征服了在場所有觀眾。

試想，如果當時帕華洛帝一怒之下離開了旅館，或去找孩子的父母抱怨，結果會是什樣子？要是那樣的話，也許世界上就少了一位傑出的男高音歌唱家。帕華洛帝憑著對歌唱事業的執著和樂觀向上的生活態度，在處於尷尬而又苦惱的境地時沒有抱怨，而是轉換思維方式，積極思考，從而讓他從孩子的啼哭聲中得出歌唱的真諦，把不利的困境變成了成功的機遇。

美國勞動統計局曾做過一個統計，消極因素每年為美國企業帶來的損失大約三十億美元。這些損失主要來自閒談、苦惱、抱怨、暗地裡打擊別人的積極性等，所導致的生產力下降。由此可見，消極思想帶來的消極成本很高，我們應予以重視，盡量減少消極因素帶來的消極成本。

所謂積極思考，就是用正確和積極的心態思考，如果你的生活中充滿灰暗和絕望，那就看不到希望和憧憬、看不到光明。其實，很多時候我們被自己的內心所蒙蔽，忽視了生活中光明積極的要素，而對於生活中的陰暗和困惑，卻總是耿耿於懷、過於關注，這樣一來，我們頭腦中負面的東西過多，而積極和光明的思想卻太少。在這種時候，我們尤其需要積極的心態和思維，去努力發現生活中美好、陽光的一面，讓自己充滿快樂、輕鬆和希望。只要你相信自己的生活會越來越好，事情就會朝著你所希望的方向發展。

## ★擁有成功的熱忱

我們都要充滿熱情地做每一件事情，這樣才能取得好的效果。一個人的意志力、追求成功的熱忱愈強，成功的機率就愈大。

熱忱是走向成功的最主要因素，每一個想要成功的人都不能離開它，它能幫助你發揮能力。假如你的內心充滿熱忱，那就會有無限精力去完成自己的任務和目標。

一個充滿了熱忱的人，他的眼神就能感染別人。他勤快、活力四射，能讓身邊的每個人都感動。假如你充滿了熱忱，你周圍的整個世界將會變得異常精彩。

二〇〇一年五月，在《財富》全球論壇香港年會召開前夕，提前出版的第十期《財富》雜誌評選出全球二十五位企業新星。《財富》全球未來企業明星評選的要求是：四十歲以下，處於新興產業，能夠對未來的商業面貌產生影響。《財富》對候選人個人素養的要求也非常嚴格，他們在做過多次面試和調查後，確認候選人處於一種蓄勢待發的狀態，具有潛在的勢能；確認他們是對未來有激情、有熱情、有理想、有目標、能夠影響別人的人。

美國 Yahoo 創辦人楊致遠稱得上是一代企業家的典型代表，他白手起家，有創造力，個性鮮明。楊致遠在香港《財富》論壇上接受記者採訪時說：「我認為我的性格中最大的特點是熱情和負責任。我認為一個企業家不僅要有目標去建立一家大公司，而且要永遠有一顆熱忱的心將這個目標變成現實。」

由此可見，成功人士首要的一個基本素養就是熱忱，充滿熱忱的人擁有無限魅力。當然，真正能發揮作用的，是發自內心的熱忱，而不是靠表面裝出來的熱忱。

有了熱忱，就會有建立事業的激情，有振奮人心的力量，有源源不斷的動力追求夢想、實現目標。

對人對事保持熱忱的人，將會比一般的人更有競爭力和行動力，而且，一個充滿熱忱的人能夠將自己的熱情傳遞給其他人。例如，當你初次遇見鄰居時，主動熱情地打招呼問候，那下次你的鄰居就會主動熱情地跟你打招呼。

熱忱，在古希臘語中的含義是內心之神。如果說成功是在借助於神靈之力的話，那這種神靈就是熱忱。俗語說：「世上無難事，只怕有心人。」一般來說，這種「有心人」就是滿懷熱忱的人，他們對事物有持之以恆的情感和體能的投入。一個熱忱的人，必定是熱愛生活、熱愛事業的人。

人生的真諦就是生活，熱愛人生就是熱愛生活。只有對生活充滿熱忱的人，才是人生的最大享受者。成功是一種輝煌，但真正的成功不是投機取巧就能取得的，它源自於一種熱愛、一種精神。

一個人可以沒有金錢，但他不能沒有精神；一個人可以沒有權勢，但他不能沒有生活的熱情。美國成功學大師奧格·曼狄諾說：「熱情的潛在價值遠遠超過金錢與權勢。熱情摧毀偏見與敵意，摒棄懶惰，清除障礙。」這就表明，熱情是行動的信仰，有了這種信仰，我們就會無往不勝。不管你追求什麼，只要能長久地保留熱情這個「武器」，都一定能順利取得。

熱忱是一切成功的源泉。對熱忱的人來說，前途永遠是光明的，他們勇往直前，不會被失敗嚇退。他們堅信世界掌握在自己手裡，命運要靠自己把握，熱忱的火種給予他們無窮的力量。

生命和事業都一樣，懷著熱忱去努力和奮鬥的人，就一定能取得成功。

## ★愛是打開成功大門的鑰匙

古鐵雷斯曾說：「一個人的命運，並不一定取決於某次大行動，我認為更多的時候，取決於他日常生活中的一些小小善舉。」

是的，「日行一善」是成功的鑰匙，而且是一把萬能鑰匙，因為它並不難得到，它就擺在每個人的面前，只要你願意拿起它，並願意恒久地使用它，就可以打開任何一扇成功的大門。

一八四四年，十三歲的詹姆斯因貪玩與夥伴一起下海游泳，差點被鯊魚吃掉。得知這個消息後，他的養母狠狠地罵了他一頓。詹姆斯的養母罵道：「你怎麼能瞞著我做這種無聊的事情呢？」他的養母邊罵，還伸手打了他一巴掌。詹姆斯只得一邊捂住被打疼的臉，一邊跪在地上向養母道歉，並保證今後再也不惹養母生氣了。

可是，令詹姆斯沒有想到的是，從此，他的養母每天都要這樣大罵他一頓，直到他跪道地歉為止。原來，詹姆斯的養母因為遭受了刺激，引發了精神疾病。以後，每當養母發病時，詹姆斯都要跪道地歉，直到她安靜下來為止。有時是在家裡，有時是在商場。就是在學校，詹姆斯的養母病發後也是照罵不誤，而詹姆斯也依然只有跪道地歉才能讓她安靜下來。

很多不明真相的人看到詹姆斯跪在養母面前不停道地歉，還以為他真的做錯了事。在商場裡下跪肯定是偷了東西，在學校裡下跪肯定是學業成績極差。於是，以後詹姆斯只要去商場，便會惹來商場的管理員警惕的目光，同學們也遠遠地躲著他。就是走在大街上，也有人向他丟雞蛋。但所有的屈辱並沒有將詹姆斯打倒，他仍然每天坦然地面對著這一切。

由於家境貧寒，養母又有病，養家的重擔自然都落在了詹姆斯的身上。詹姆斯小小年紀便學會了劈柴、墾荒、種地這些大人的工作。他除了工作外還努力學習。在學校裡，他一邊打工供自己讀書，一邊供養養母的生活並為養母治病。直到一八八一年，詹姆斯才將養母的病治好。從十三歲那年起到五十歲時止，詹姆斯已經無微不至地照顧了養母三十七年，也向她跪道地歉了三十七年。

當詹姆斯的養母病癒獲知這一切後，激動地抱住詹姆斯哭了，她連連向詹姆斯道歉，說自己對不起他，讓他受委屈了。詹姆斯說：「媽媽，您恢復了健康就是對兒子最大的安慰，跟您的健康相比，就算是我受再大的委屈又算得了什呢？」

也正是在那一年，詹姆斯參加了美國總統競選。可是，由於他的競爭對手太強大了，他的選票並沒有預期的那多。就在詹姆斯即將失利的時候，突然，一位老太太來到了詹姆斯的演說現場。還沒等詹姆斯反應過來，老太太伸手就給了詹姆斯一巴掌，接著罵了起來：「你這個蠢蛋！」

此時，所有民眾的目光都投向了詹姆斯和那位老太太。老太太越罵越起勁，最後，詹姆斯不得不跪道地歉，才讓她安靜下來。詹姆斯知道，養母肯定是舊病復發了！老太太終於安靜下來了。老太太說：「今天，我要告訴大家一個祕密，我的養子詹姆斯，就是像剛才那樣照顧了我三十七年，除了剛才那次我是裝病以外，這三十七年以來我可是真的生病了。我現在之所以這樣做，只是想告訴大家，像詹姆斯這樣的好人，如果當選了總統的話，肯定會是所有人的福氣。」

詹姆斯養母的演說和詹姆斯的當眾一跪，震撼了所有民眾，他的選票迅速超過了對手，並一舉奪得總統的寶座。

詹姆斯的全名叫詹姆士·艾布拉姆·加菲爾德。他不但是美國傑出的政治家，還是美國歷史上唯一位數學家出身的總統。這還不是他最成功的地方，他最值得人們誇耀的是——擁有一顆善良的心！

假如每個人都以一顆善良真誠的心擁抱世界，那我們的生活會更加美好。與善良為伴，我們便有了像海一般廣闊的胸懷，擁有了無限的活力和潛力，整個世界會在善良的滋潤下綻放出明麗的色彩，我們的生活也會因此更加豐盈和充實。

## ★樂觀是成功的基石

有位哲人說過：「樂觀是成功的墊腳石。」樂觀是自信的體現，樂觀的人更快樂。有研究人員發現，金錢或權力並不是成功最重要的因素，真正重要的是快樂。他們指出，快樂與天賦、勤奮和信念一樣，可以幫助人達到成功的巔峰，一個快樂的人，成功的機率遠遠大於鬱鬱寡歡的人。無論在哪一方面，樂觀的人都更容易走向成功。

樂觀者總是相信成功的明天會到來；悲觀者總是看到自己的不足，缺乏戰勝困難的勇氣。一個人如果心態積極，樂觀面對人生，即使出現再大的困難，他也會相信事情還有轉機，那他就成功了一半。

威爾遜先生是一位成功的商人，他從一個普普通通的事務所小職員做起，經過多年奮鬥，終於擁有了自己的公司、辦公大樓，並且受到人們的尊敬。

一天，威爾遜先生從辦公大樓走出來，剛走到街上，就聽見身後傳來「嗒嗒嗒」的聲音，那是盲人用竹竿敲打地面的聲響。

威爾遜先生愣了一下，緩緩地轉過身。

那個盲人感覺到前面有人，便上前說道：「尊敬的先生，您一定發現我是個可憐的盲人，能不能占用您一點點時間呢？」

威爾遜先生說：「我要去會見一個重要的客戶，你要什就快點說吧。」

盲人在一個包裡摸索了半天，掏出一個打火機，遞給威爾遜先生，說：「先生，這個打火機只賣一美元，這可是最好的打火機啊！」

威爾遜先生聽了，歎了口氣，掏出一張鈔票遞給盲人：「我不抽菸，但我願意幫助你。這個打火機，也許我可以送給開電梯的年輕人。」

盲人用手摸了一下那張鈔票，竟然是一百美元！他用顫抖的手反覆撫摸著，嘴裡連連感激著：「您是我遇見過的最慷慨的人！仁慈的富人啊，我為您祈禱！上帝保佑您！」

威爾遜先生笑了笑，正準備走，盲人拉住了他，又喋喋不休地說：

「您不知道，我並不是一生下來就瞎，是因為二十三年前布列敦的那次事故！太可怕了！」

威爾遜先生一震，問：「你是在那次化工廠爆炸中失明的嗎？」

盲人彷彿遇見了知音，興奮得連連點頭：「是啊是啊，您也知道？這也難怪，那次光炸死的人就有九十三個，傷的人有好幾百呢！」

盲人想用自己的遭遇打動對方，爭取多得到一些錢，他可憐巴巴地說了下去：「我真可憐啊！到處流浪，孤苦無依，死了都沒人知道！」

他越說越激動，「您不知道當時的情況，火一下子衝上來，彷彿是從地獄中冒出來的火！逃命的人都擠到一起，我好不容易衝到門口，可一個高個子在我身後大喊：『讓我先出去！我還年輕，我不想死！」他把我推倒了，踩著我的身體跑了出去！我失去了知覺，等我醒來就成了瞎子，命運真不公平呀！」

威爾遜先生冷冷地說道：「事實恐怕不是這樣吧？」

盲人一驚，呆呆地對著威爾遜先生。

威爾遜先生一字一頓地說：「我當時也在布列敦化工廠當工人。是你從我的身上踏過去的！你比我高大，你說的那句話，我永遠都忘不了！」

盲人站了好長時間，突然一把抓住威爾遜先生，爆發一陣大笑：

「這就是命運啊！不公平的命運！你在裡面，現在出人頭地了，我跑了出來，卻成了一個沒有用的瞎子！」

威爾遜先生用力推開盲人的手，舉起手中一根精緻的棕櫚手杖，平靜地說：「你知道嗎？我也是一個瞎子。」

能真正品味生活的人，都是樂觀的人，他們不論遇到什情況，總是相信事情還會有轉機。一位商界成功人士說：「我從小到大都不是一個品學兼優的孩子，但我從不因此就放棄自己，凡是遇到困難挫折，我就告訴自己，要樂觀點，明天就會好。」可見，樂觀可以幫助我們抵擋對失敗的恐懼。

樂觀兩個字說起來很簡單，但做起來並不是那容易，我們要在平時注意培養自己樂觀的心態。

有些人遇到失敗就認定自己的能力不足，認為自己註定一生都是一個失敗者。這樣的觀念只會限制你的潛能，成為成功的絆腳石。所以，無論什事情都應該嘗試，無論如何先試試看，這樣成功的機率就會大很多。

## ★微笑，讓生活更陽光

微笑是一劑良藥，生活和工作中不能缺少微笑。不論你是富足還是貧困，都需要微笑，微笑能夠給你無盡的力量，給人無限好處。

永遠保持笑容能夠幫助我們保持健康，也會給我們的事業注入成功的動力。真誠微笑的人，走到哪裡都能散發魅力，受人歡迎。微笑，是我們所有人都需要的「成功的祕訣」。

權威調查研究資料顯示：善於微笑的業務，很少與他人摩擦，業績也大大高於臉色陰沉冷漠的業務。從某種角度來講，微笑就意味著財富，意味著生意興隆，意味著企業生機勃勃、蒸蒸日上，意味著成功！

我們來看下面一個例子：

一名女子剛剛進入職場，不免有些緊張，最怕看那一張張面無表情的臉。這時，有一位三十歲左右的女同事很快引起了她的注意，因為她是這裡第一個向自己微笑的人。看到她那張清秀微笑的臉，這一天的心情就特別好。

慢慢的女子發現，她有一面精緻的小鏡子，每當午休時，她都拿出來照一照，而且她會獨自一個人對著鏡子微笑。有一次，女子忍不住問她：「妳為什看起來總是很開心？」她聽了後微笑了一下，開始講自己的故事。

三年前，她得了乳腺癌，做過切除手術後，丈夫就和她離婚了。望著只有五歲的女兒，她淚流不止。她的丈夫在她最需要關懷的時候拋棄了她。她以淚洗面地度過了很長一段日子，感覺天空都是灰色。有

## 第十章　心的力量就是宇宙的能量

### 微笑，讓生活更陽光

一天，她站在鏡子前，看到鏡子裡映出了一張陌生的臉，那張臉蒼白得沒有一絲血色，顯得呆板、蒼老而又茫然。她嚇了一跳，這哪裡是自己那張年輕、美貌的臉啊！她努力地對鏡子笑了一下，那張臉明顯有了一絲生機；她又笑了笑，那張臉有了神采，變得美麗，她的心情也隨之振奮。「難道我就這幽怨地過下去嗎？」她對自己說，「絕不－無論發生什事情，我都要堅強、快樂地生活。」

她下定決心後，常常對著鏡子中的人笑，那人也就對著她笑。她用業餘時間創作，發表了許多文學作品，也收到大量讀者來信，她活得很充實，工作做得也非常出色，每年年終都能拿到很多獎金。她和周圍的人相處得很好，因為她常常對人們友善地微笑，人們也同樣報以微笑。

聽了她的故事，女子明白了一些道理：懂得對自己微笑的人，她的心靈天空將隨之晴朗，懂得對生活微笑的人，將會得到一個美麗的人生。這個對鏡子微笑的女人，走出了心靈的低谷，相信未來的日子充滿陽光，她會成為一個真正懂得生活的女人。

對很多人來說，對別人微笑並不難做到，而真正困難的是對自己微笑。因為在平常的生活中，我們很容易失去活力，變得麻木不仁。然而，生活就像一面鏡子，你若對它皺眉，它也會給你一張愁苦的臉；你對它微笑，它必將回饋給你迷人的笑容。

「你擁有了微笑，你就同樣會擁有成功。」

生活和工作中不能缺少微笑，如果我們能夠永遠保持笑容，不僅有益於健康，而且還會成為事業成功的巨大動力。

生活中不能缺少微笑，任何時候都不要為難自己，多給自己一些微笑，是每天都應該做到的事情。沮喪了，給自己一個微笑，便能從苦澀中品出一份甘甜；遭遇困境時，給自己一個微笑，便能收穫無形的力量和自信，讓自己的生命更有智慧；快樂時，給自己一個微笑，便能有淡然的心態，讓自己不因暫時的成績而失去鬥志，從而保持謙虛冷靜。微笑是一筆最划算的交易，也是每個人都可以擁有的財富。微笑因幸福而發，幸福伴喜悅而生，即「情動於中而形於外」。

微笑表達的是一種寬容、一種接納，它讓人與人之間的距離更短，使人與人心心相通。一個面帶微笑的人，更能獲得其他人的好感，更讓人願意親近。微笑能幫你打開成功之門，是走向成功的一把鑰匙。

## ★創造成功的奇蹟

成功沒有時間的限制，只要你心懷信念，直奔目標，就一定能創造出成功的奇蹟。

一個人年過半百還會迎來事業、愛情的第二次輝煌嗎？在常人的眼裡，這幾乎是不可能的事情，但有一個人做到了。這是一個德國人，出生在一個商人家庭，自小就喜歡演員這個職業。

二十歲時，因為天生麗質加上傑出的演技，她被當時的納粹高層相中，「欽點」成戰爭專用宣傳工具；幾年以後，德國戰敗，她因此受到牽連，被判入獄四年。刑滿釋放後，她想重回自己喜愛和熟悉的演藝圈，然而儘管她才華橫溢，演技出眾，可由於歷史上的汙點，主流電影媒介對她小心敬而遠之，大好的金色年華就這樣付諸東流。一晃十幾年過去了，她的身分仍然走不出刑滿釋放囚犯的影子，沒有人敢用她、沒有人敢收容她，甚至沒人敢娶她，年近半百，她仍然獨來獨往，形單影隻。

她的五十歲生日就這樣淒然地來到。那天，她大醉了一場，醒來之後，突然作了一個誰也意想不到的決定：隻身深入非洲原始部落，採寫、拍攝獨家新聞。這之後的兩年，她克服了重重困難，承受心理、生理上的巨大壓力，拍攝大量的努巴人的生活影集，這些照片一舉奠定了她在國內攝影界的地位。

她的奮鬥精神和曲折經歷深深地吸引了一位三十歲的年輕人，他和她是同行，共同的興趣讓他們超越年齡的隔閡，拋開外界的輿論走到一起。在接下來近半個世紀的時光，他們遠離人間的一切是非，相敬如賓地恩愛，出入內外交困的非洲部落，深入大西洋海底世界探險，寫下了一段浪漫而美麗的愛情故事。

為了使自己的拍攝才華與神祕的海底世界融為一體，在六十八歲的那年，她開始學習潛水。隨後，她的作品集中增添了瑰麗的海洋記錄，這段海底拍攝生涯一直延伸到她百歲高齡。最後，她以一部長達四十五分鐘的精湛短片《水下世界》寫下了紀錄片的一個里程碑，也為自己的藝術生命畫上了一個圓滿的句號。

這位充滿傳奇色彩的女性，就是被美國時代雜誌評為二十世紀最具有影響力的一百位藝術家中的唯一女性，她的名字叫蘭妮．萊芬斯坦。她以前半生失足、後半生瑰麗的傳奇經歷告訴人們：成功沒有時刻表。只要時刻保持一腔自信、一顆不息的奮鬥雄心，生命的碩果就會永遠如影相隨。

還有這樣一個故事：

克里夫．楊，一名澳洲以種植馬鈴薯為生的農民，他在五十七歲時決定改寫自己的命運。那時他在自己的家庭農場勞作，過著辛苦的生活，而克里夫卻酷愛長跑運動，他決心創造一個新的命運。不久，多雨的澳洲鄉村公路上，出現了身穿雨衣和膠靴訓練的身影。五十七歲的年齡、不良的裝備、惡劣的訓練環境，對他來說都不是問題。在農場的這些年裡，對他來說最重要的是追趕夢想和創造命運。他從不理會那些嘲笑他的人和那些試圖把他驅離偏僻公路的司機，他以每天增加二十到三十英里的距離不間斷地訓練。

一九八三年五月，經過四年不間斷的訓練，克里夫．楊震驚了整個世界。

在六十一歲時，他贏得了雪梨至墨爾本距離八百七十五公里的超級馬拉松冠軍，跑完這段距離對任何一個年齡的人來說都是一個壯舉，但六十一歲的克里夫．楊擊敗了世界上最強的長跑運動員，令人難以置信！多年來，跑步專家認為，一名運動員一天跑完艱苦的一百英里後，晚上就需要一定的睡眠；然而，在比賽的第一天遠遠落後於其他運動員的克里夫，在當晚凌晨一點起來，開始他的黑夜穿行。最終，他超越了那些習慣在凌晨五點醒來的領先者。克里夫的策略運用得非常好，他繼續每天早上比所有的競爭者早四個小時醒來，然後開始跑步。由於採用了這個大膽的策略，他越過終點線時震驚了世界。經過五天十五小時四分鐘，六十一歲的克里夫．楊成為了勝利者。

克里夫獲勝的消息迅速傳遍了整個澳洲。在他這樣的年齡、缺乏經驗、與世界各國最好的長跑運動員競爭的情況下，沒有一個人認為他有獲勝的機會，他成為了一個傳奇，整個國家都迷上了這個創造了一個不可能的奇蹟的馬鈴薯農民。談及獎金，克里夫幽默地說道：「一萬美元，哇，那是很多很多的馬鈴薯呢！」接著，他又做了一件令人們驚訝的事情：和其他付出了準備和努力的競爭者一起分享他的獎金。

一九八四年和一九八七年，在克里夫六十二歲和六十五歲的時候，他再次參加了跨國比賽，繼續使用他的凌晨一點策略。而現在這種在凌晨一點醒來的策略，已經代替了凌晨五點起床的做法。

克里夫．楊打破傳統模式，克服了自我懷疑，並且做到了全世界都認為不可能的事情。更有意義的是，他創造了自己的命運，他以激情創造紀錄，革新了長跑運動的模式，為後來的運動家帶來了靈感。

他沒有像其他五十歲、六十歲、七十歲的人那樣被悲觀的信念所束縛。

克里夫．楊在六十一歲時實現了自己的目標，成為勝利者。這有力地證明：不管你是誰，各方面條件如何，都有成功的可能性和創造命運的機會。

電子書購買　爽讀 APP

**國家圖書館出版品預行編目資料**

非凡的優雅人生，從細微之處展現卓越：質感人生手帳！即使跌倒，也要落落大方，成功也可以很優雅 / 金暢 編著 . -- 第一版 . -- 臺北市：沐燁文化事業有限公司 , 2024.07

面；　公分

POD 版

ISBN 978-626-7372-80-7( 平裝 )

1.CST: 成功法 2.CST: 人生哲學

177.2　　113009758

# 非凡的優雅人生，從細微之處展現卓越：質感人生手帳！即使跌倒，也要落落大方，成功也可以很優雅

臉書

**編　　著**：金暢

**發 行 人**：黃振庭

**出 版 者**：沐燁文化事業有限公司

**發 行 者**：沐燁文化事業有限公司

**E-mail**：sonbookservice@gmail.com

**粉 絲 頁**：https://www.facebook.com/sonbookss/

**網　　址**：https://sonbook.net/

**地　　址**：台北市中正區重慶南路一段 61 號 8 樓

8F., No.61, Sec. 1, Chongqing S. Rd., Zhongzheng Dist., Taipei City 100, Taiwan

**電　　話**：(02) 2370-3310　　**傳　　真**：(02) 2388-1990

**印　　刷**：京峯數位服務有限公司

**律師顧問**：廣華律師事務所 張珮琦律師



**定　　價**：350 元

**發行日期**：2024 年 07 月第一版

◎本書以 POD 印製